슬기로운 1인 가구 라이프

나 없이 자취하지 마라

정단비·오정희 지음

프롤로그

드라마 같은 자취는 없다.
"자취는 실전이다."

많은 사람들이 자취에 대한 로망을 가지고 있다. 하지만 막상 현실로 다가오면 내가 꿈꿨던 독립의 로망을 실현할 수 있는 사람은 많지 않다.

생각보다 훨씬 더 부지런해야 하기 때문이다.

직장이나 학교 등 다양한 이유로 혼자 살기를 시작하게 되지만 자취에 대한 정보는 내가 찾아보기 전에는 누구도 알려주지 않는다.

1인 가구가 대한민국 전체 가구의 30%를 돌파했고, 그중 2030세대의 새내기 자취러들이 200만 가구 이상을 차지하고 있다.

1인 가구, 혼삶(혼라이프)이 익숙하지 않았던 시기였던 2016년, 국내 최초 1인 가구 전문 미디어 '데일리팝'을 시작으로, 자취 매니저 '혼족의제왕' 서비스를 제작하기까지 그동안 많은 혼족들을 만날 기회가 있었다.

이들이 남녀노소를 떠나 공통적으로 입을 모았던 이야기가 '자취는 상상하던 것과 달랐다.'라는 것이다.

1인 가구는 자유로운 생활을 즐길 수 있다는 점과 동시에 불규칙하다는 양날의 칼이 존재한다. 막상 자취를 하면 드라마에서 나오는 주인공처럼 살 수 있을 것만 같았는데.. 현실은 상당히 이질적이다. 오히려 자유에서 오는 불규칙적인 생활은 삶의 질을 떨어뜨렸다.

이러한 문제를 고민하며 1인 가구들이 집안일을 스스로 할 수 있도록 혼족의제왕을 만들었고 이를 도와줄 수 있는 가이드북인 '나 없이 자취하지 마라'를 출간하기에 이르렀다.

실제 '혼족의제왕' 이용 유저들도 40%는 집안일과 관련한 자취 미션에 도전하고 있는 만큼, 집안일은 귀찮지만 강제로라도 해야 하는 일이다.

혼자 살기에 익숙해진 지금은 웃으면서 이야기하지만, 실제 가족과 떨어져 처음 자취의 첫발을 내디뎠을 때의 막막함은 지금 생각해도 아찔하다.

누군가 넌지시 던진 말과 온라인을 통해 얻은 정보를 기반으로 집을 구해 계약금을 날리기도 하고 생각지도 못했던 공과금과 청소 등으로 스트레스를 받기도 했다.

답답한 마음에 포털사이트에 궁금한 점을 검색하면 비슷한 정보가 쏟아지는데, 어떤 것을 먼저 봐야 할지 혼란스럽다.

'나 없이 자취하지 마라'에서는 화려하고 대단한 내용을 담진 않았지만, 집 구하기 전 사전 준비부터 이사 갈 때 체크리스트, 기본적인 집안일 상식을 비롯해 자취 레벨 업을 할 수 있는 꿀팁까지 한 곳에서 볼 수 있게 종합적으로 담았다.

그동안 제작했던 1인 가구 콘텐츠 중 조회 수, 유저 반응 등을 분석해 많은 자취러에게 도움을 줬던 정보를 전달하기로 했다.

자취를 처음 시작할 때 샀던 소금이 1년이 지나도 줄어들질 않는데, '계속 사용해도 괜찮을까'라고 고민한 적, 겉으론 너무 멀쩡하니 버리기 아까워서 이사할 때마다 싸서 들고 다니는 것들이 누구나 있을 것이다.

이 책은 이런 자취생들이 판단하기 애매한 것들을 정리했다.

특히 6장은 그동안 만났던 수많은 자취러들의 이야기를 축약해 어디서도 볼 수 없는 1인 가구들의 현실 인터뷰를 담았다.

'나 없이 자취하지 마라'의 내용을 따라 하루 한 가지씩 숨겨진 집안일에 도전해보며 순조로운 자취생활을 이어가길 바란다.

차례

01 자취 스타터
자취를 시작할 때 필요한 기본적인 꿀팁

1. 집 구하기 전 사전 준비 — 17
2. 이사할 집 결정할 때 꿀팁 — 23
3. 자취 월세/전세 계약 순서 — 28
4. 이사 갈 때 체크리스트 — 31
5. 이삿짐 효율적으로 싸는 방법 — 37
6. 이사 갈 때 필요한 사이트 모음 — 41
7. 이사 상식: 손 없는 날 — 45
8. 시간을 절약하는 효율적인 방 청소 순서 — 49
9. 설거지 빨리하는 노하우 — 54

02 자취 N년차
자취 생활의 질을 조금 더 올려줄 수 있는 꿀팁

1. 탄 냄비 새것처럼 심폐 소생하는 방법 — 61
2. 베이킹소다 활용의 모든 것 — 64
3. 요리하면 더러워지는 가스레인지, 인덕션 청소 방법 — 67
4. 빨래 냄새 제거를 위한 세탁기 청소 방법 — 70
5. 이불 소재별 세탁 방법 — 75

6. 안 열리는 잼 뚜껑 현명하게 여는 4가지 방법 ... 81

7. 전자레인지로 할 수 있는 모든 것 ... 84

8. 초간단 냉장고 청소방법 A to Z ... 91

9. 각종 가전제품 청소하는 방법 ... 95

10. '화장실 청소' 락스 사용 시 주의사항 5가지 ... 98

11. 뚫어뻥 없이 막힌 변기 시원하게 뚫는 방법 ... 101

12. 치약으로 할 수 있는 모든 것 ... 104

13. 헷갈리는 재활용품 품목별 올바른 분리수거 방법 ... 106

14. 설거지할 때 주의해야 할 싱크대에 버리면 안 되는 것들 ... 114

15. 음식물 쓰레기 어떻게 관리해야 할까? ... 117

16. 쉽게 더러워지는 유리창, 거울 청소 방법 ... 119

03 프로 자취러
자취 고수가 되기 위한 레벨 업 꿀팁

1. '나 혼자 알긴 아깝다' 알아두면 쓸모있는 사이트 ... 129

2. 자취 레벨별 필수템 체크리스트 ... 133

3. 자취 용품 교체주기 ... 138

4. 음식 더 오래 보관하는 방법 ... 142

5. 자취 생존 필수팁: 상한 음식 구별하는 법 ... 154

6. 플라스틱 밀폐용기 냄새 제거하는 7가지 방법 ... 159

7. 세제 사용 기한과 올바르게 버리는 방법　　　　　　　162

8. 유통기한보다는 소비기한이 중요　　　　　　　　　165

9. 단계별 벌레 퇴치 방법　　　　　　　　　　　　　　169

10. 음식 배달앱 잘 사용하는 방법　　　　　　　　　　173

11. 1인가구 무료로 누릴 수 있는 정부 혜택　　　　　　179

12. 자취방 겨울나기 필수 체크사항　　　　　　　　　186

04 자취생을 위한 돈 관리
숨만 쉬어도 마이너스인 자취 생활 금융 꿀팁

1. 1인가구 재테크 노하우　　　　　　　　　　　　　　197

2. 연봉 3000만 원 이하의 짠테크　　　　　　　　　　203

3. 스마트한 은행 사용법 7가지　　　　　　　　　　　208

4. 1인가구를 위한 신용카드 사용법　　　　　　　　　214

5. 대출이자 줄이는 꿀팁　　　　　　　　　　　　　　219

6. 신용점수 확실하게 올리는 꿀팁　　　　　　　　　　225

7. 저축성 보험 가입 시 알아야 할 꿀팁　　　　　　　230

8. 금융 상품을 이용하다 억울한 일을 당했을 경우　　236

05 모르면 혼자 멘붕 오는 주거상식

세입자의 서러움! 물어볼 곳도 없는 주거 법률 꿀팁

1. 부동산 계약 시 필수 확인 '등기부등본 보는 법'	245
2. 전월세 임대차계약, 잔금 지급 시 '유의사항 5가지'	249
3. 단순 변심 계약해제 시 집 계약금 돌려받을 수 있을까?	257
4. 도배해 준다던 집주인의 달라진 말 '계약 해지' 사유될까?	261
5. 등기 없는 옥탑방, 전세 계약해도 괜찮을까?	263
6. 몰래 키우던 반려동물! 집주인에게 들키면 쫓겨날까?	265
7. 확정일자 적힌 월세 계약서 분실 시, 간편하게 되찾는 방법은?	267
8. 전월세 상한제로 세입자 권리 지킬 수 있는 방법	270
9. 집주인이 여러 명! 계약서 작성법은?	272
10. 입주 직전 계약 시 없던 저당권 발견! '계약 해제·보증금 반환' 가능할까?	274
11. '보증금 보호법' 전세보증보험, 가입 시 주의사항은?	277
12. 집주인이 전세보증금 올려달래요. 전세보증금 증액 계약 시 주의! 확정일자를 새로 받아야 할까?	280
13. 확정일자와 근저당권이 같은 날 설정되면 어떤 것이 우선 변제받을까?	283
14. 무주택 세대주, 세대주 분리 방법 '한 번에 뽀개기'	286

06 혼자 살기는 ㅇㅇ이다!
혼라이프를 살고 있는 자취생들의 생생한 인터뷰

1. "요리에 도전하세요" 자취 2년차 삐약이   301
2. "외로움 극복은 이렇게" 20대 후반 자취러   305
3. "혼자 보내는 시간을 알차게 보내세요" 혼자 놀기 만렙   309
4. "로망 와장창 자취는 현실" 사회초년생 팩폭러   313
5. "시행착오가 성공 만들어" 자취 N년차 고수   316

1장,
자취스타터

자취를 시작할 때 필요한 기본적인 꿀팁

1. 집 구하기 전 사전 준비

2. 이사할 집 결정할 때 꿀팁

3. 자취 월세/전세 계약 순서

4. 이사 갈 때 체크리스트

5. 이삿짐 효율적으로 싸는 방법

6. 이사 갈 때 필요한 사이트 모음

7. 이사 상식: 손 없는 날

8. 시간을 절약하는 효율적인 방 청소 순서

9. 설거지 빨리하는 노하우

1

집 구하기 전 사전 준비

이제 나도 성인!
혼자서 살 집을 구해야 하는 상황이 왔는데
주위에 도움을 구할 사람도 없고, 혼자 구하다 사기라도 당하지
않을까 걱정되는 초보 자취러를 위한 꿀팁이다.

1. 내가 살 지역 정하기

독립을 할 때, 집을 선택하는 일보다 중요한 게 있을까?

내가 선택한 공간이 새로운 인생의 출발점이 되기 때문이다. 먼저, 지역은 가능한 본인 직장이나 학교 근처로 정하는 게 좋다. 걸어 다닐 수 있는 곳 또는 대중교통으로 30분은 넘지 않는 곳이 이상적이다. 이동 시간을 줄이는 것은 빠듯한 자취 생활에 여유를 가져다준다.

2. 나의 예산 정하기

지역을 정했다면 어떤 집에서 살 건지를 정해야 한다.

가장 중요한 것은 예산이다. 적정한 월세는 얼마일까? 정답은 없다. 현재 목돈을 얼마나 갖고 있는지, 은행에 대출을 얼마나 받을 수 있는지 자신의 예산을 확인해야 한다.

네이버 부동산, 직방, 다방과 같은 온라인과 앱을 통해서 시세와 관리비, 시설 등을 알아볼 수 있다. 그 후 전세로 할지, 월세로 할지, 대출은 얼마나 받을 건지 나만의 기준을 만들어보자.

가성비가 좋은 집도 좋지만 주변 시세에 비해 지나치게 저렴한 곳은 하자가 있을 수 있으니 잘 살펴봐야 한다.

3. 주거 형태·스펙 정하기

예산을 정할 때 어느 정도 마음의 결정이 되겠지만 세부적인 스펙은 부동산을 방문해야 확인이 가능하기 때문에 집을 보러 가기 전 미리 정리를 해두면 도움이 된다. 수많은 매물 중 당신에게 적합한 집을 공인중개사가 선별하기 어렵기 때문이다.

특히 집을 구할 때 시간 낭비를 하지 않기 위해서는 예약 없이 바로 부동산을 방문하기보다는 전화로 미리 일정을 정한 뒤 방문하는 것이 좋다.

또 원하는 스펙을 전화로 미리 말해두고 한 번에 여러 매물을 볼 수 있도록 요청하는 것이 효율적이다. 예를 들어 신축, 관리비는 5만 원 이하, 전입신고 필수 등 구체적인 내용을 말해야 한다.

• 원하는 스펙 선택 •

스펙	선택사항
집 유형	오피스텔, 원룸, 다세대주택, 셰어하우스, 하숙, 아파트
집 형태	방 개수, 복층 계단 여부, 방 모양(사각형인지), 화장실 위치
건축연도	신축, 지어진지 몇 년 이하, 오래된 곳도 상관없음
층수	지하, 저층, 고층, 옥탑
예산	보증금, 월세, 관리비(인터넷, 케이블 등 포함사항 체크)
접근성	지하철 역세권, 버스정류장, 골목길 블록 수
옵션	풀 옵션, 가전제품 옵션, 옵션 없음

4. 집을 함께 볼 동행인 구하기

물론 나 혼자 살 집이긴 하지만 집을 보러 다닐 때는 혼자보다는 동행인을 구해 함께 다닐 것을 추천한다.

혼자 보다 둘이면 성급한 결정을 하는 것을 막을 수 있기 때문이다. 꼭 연장자가 아니어도 된다. 깐깐하기로 소문난 친구에게 부탁하자. 혼자 가면 당황하거나 시간에 쫓겨 못 보는 것들이 있을 수 있지만, 함께 가면 서로 봐줄 수 있다.

5. 집은 낮, 저녁시간 2번 확인하기

집을 보러 가는 시간은 오전 10시에서 오후 3시 사이가 가장 햇빛이 잘 들기 때문에 이때를 맞춰서 보러 가는 게 좋다. 밤에 가서 나중에 계약하고 보니 집에 빛이 하나도 들어오지 않으면 곰팡이가 생길 수 있으니 잘 확인해야 한다.

그리고 가능하다면 저녁시간에도 한 번 더 가보는 것이 좋다. 저녁이 되면 기온이 쌀쌀해지는데 집에 급격한 온도 차나 변화가 있는지 확인해볼 수 있다.

이때 부동산에 단순히 저녁 시간에도 보고 싶다는 의사를 표시하기 보다는 "집이 너무 마음에 들어서 한 번 더 보고 싶다. 그런데 저녁 시간만 방문이 가능한데 조율 부탁드린다."라고 요청을 드리는 센스를 발휘하자.

지역별 주거정책 살펴보기

요즘엔 청년 주거정책에 대한 종류가 다양하고, 지원 자격들도 다 다르므로 일일이 살펴볼 필요가 있다. 직접적인 주거 지원도 있지만, 간접적인 청년 지원정책들도 도움을 받을 수 있다.

서울시의 경우 다양한 청년 지원정책이 있는데 희망두배 청년통장의 경우 3년 동안 월 15만 원을 저축하면 서울시에서 매월 15만 원을 함께 저축해줘 추후 보증금 마련에 사용할 수 있다.

청년 수당은 잠시 '쉼'을 가지고 있는 청년들이 안전하게 지낼 수 있게 지원받을 수 있는 정책으로 월 50만원씩 6개월간 지원받을 수 있다. 지원비는 월세로도 사용할 수 있으므로 간접적인 주거정책으로 볼 수 있다.

청년 임차보증금은 청년의 주거비 부담 완화를 위해 서울시에서 임차보증금 대출 이자 일부를 지원해 주는 사업이다.

임차보증금은 집을 사기 위해 집주인에게 미리 주는 돈으로, 계약 만기 시 돌려받을 수 있다. 솔직히 보증금이 높을수록 좋은 집에서 살게 될 확률이 높기 때문에 모아둔 돈이 없는 경우 이런 제도의 도움을 받는 것도 도움이 된다.

2

이사할 집 결정할 때 꿀팁

1. 곰팡이 살피기

습기가 많은 곳은 곰팡이가 잘 생긴다. 구석구석에 곰팡이가 없는지 살펴보고 동행인들 몰래 벽 냄새를 맡아보자. 사실 곰팡이가 생겨서 도배로 덮어놓은 경우도 있다. 퀴퀴한 냄새가 있는지 확인은 필수이다.

2. 벽 두들겨 보기

소음은 자취생활을 방해하는 큰 요소 중 하나이다. 벽을 두드렸을 때 '통, 통, 통' 경쾌한 소리가 들린다면 벽이 굉장히 얇다는 것을 의미하며 벽에서 한기가 느껴진다면 단열이 되지 않는 것일 수도 있어 확인이 필요하다.

3. 수도 & 난방 확인

집 확인의 기본 중에 기본인 수도와 난방 확인은 필수이다. 나중에 보니 물이 잘 나오지 않거나 난방이 잘되지 않는다면 스트레스는 물론 수리 비용까지 발생한다.

간단하게는 세면대 수도꼭지를 틀고 화장실 변기물을 동시에 내려 확인해보자. 변기에서 '쿠왁.. 쿠왁..' 등 심상치 않은 소리가 난다면 나중에 수압 문제가 생길 가능성이 있다.

4. 동네 분위기 살피기

항상 집에서만 지낼 게 아니기 때문에 집 주변을 계약하기 전에 한번 둘러보는 것도 좋다. 자취생활에서 안전은 가장 중요한 요소 중 하나이다. 주변에 CCTV는 잘 설치되어 있는지 주변의 편의 시설과 교통은 어떠한지 꼭 확인해야 한다. 더불어 집 주변의 쓰레기 상태를 보면 이웃들의 성향을 알 수 있다. 쓰레기를 함부로 버리는 이웃이 있다면 악취뿐 아니라, 평소의 매너를 의심할 수 있다.

5. 등기부등본 확인

부동산에서 등기부등본을 보여주기도 하지만 직접 확인해볼 수도 있다. 온라인에서 등기소를 검색하고 해당 집 주소를 입력해 부동산 등기부등본을 확인한다.

잘못하면 보증금을 못 돌려받을 수도 있는 만큼 부동산 등기부등본에 압류, 가처분, 환매 등 여러 가지 상황이 표시가 되어 있는지 확인을 해야 한다.

특히 가계약을 했다면 소유주의 인적 사항과 등기부등본에 기재된 집주인이 같은 사람인지 확인해야 한다.

· 집 구하기 기본 체크리스트 ·

- [ ] 채광은 좋은가?
- [ ] 수압은 어떤가?
- [ ] 하자, 파손 있는 부분 수리는 미리 가능한가? 아니면 그냥 살아야 하는가?
- [ ] 방음은 어떤가? 벽이 너무 얇진 않은지?
- [ ] 배수구 냄새는 안 나는지?
- [ ] 싱크대 아래 악취는 나지 않는가?
- [ ] 난방시설(보일러)은 정상 작동하는가?
- [ ] 콘센트는 몇 개인가?
- [ ] 천장이나 바닥에 누수 흔적이 있는가?
- [ ] 재활용, 음식물 처리 방법은 편리한지?
- [ ] 집에서 옵션으로 제공되는 가전은 어떤 것이 있는지?
- [ ] 수납공간은 적당한가?
- [ ] 창문 크기, 여는 방법은 어떤가?
- [ ] 외풍은 없는지? (창문 틈, 통풍 확인)

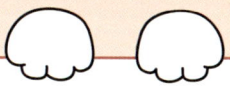

- [ ] 보안은 안전한가?
  (경비원 상주, 건물 CCTV, 방범창, 현관문 이중장치)
- [ ] 임대료 이외 추가 관리비가 있는가?
  (관리비에 포함되는 사항 체크)
- [ ] 곰팡이, 벌레가 없는가?
- [ ] 지하철역, 버스정류장은 가까운가?
- [ ] 병원, 마트, 편의점, 카페 등 편의 시설은 있는가?
- [ ] 집에 오는 길 CCTV 등 안전한가?
- [ ] 주변에 유흥시설이 있는가?
- [ ] 회사 및 학교에서 거리는 적당한가?
- [ ] 층수는 적당한가? 엘리베이터는 있는가?
- [ ] 집 면적은 짐을 넣고 적당한가?
- [ ] 등기부등본 집주인 확인, 대출 현황, 건물 용도 확인은 했는가?
- [ ] 부동산 공인중개사 중개 수수료는 적당한가?
- [ ] 이사일은 나의 이사 일정과 맞는가?
- [ ] 전세라면 전세대출이 가능한가?
- [ ] 월세라면 전입신고가 가능한가? 소득공제가 가능한가?

3

자취 월세/전세 계약 순서

집을 구하는 일은 고난의 연속이다.
특히 평소에 접하는 일이 드문 어려운 용어로 쓰여있는 계약서를
작성하는 날은 온 신경이 예민해진다. 걱정 없이 안전하게
자취방을 계약할 수 있도록 자취방 계약 순서를 알아보자.

Step 1. 부동산 방문 or 중개 플랫폼 이용

먼저, 내 예산과 원하는 조건 등에 부합하는 매물을 공인중개사가 있는 부동산을 방문해 상담을 받거나 중개 플랫폼을 통해 알아본다.

Step 2. 현장 방문

실제로 보는 것과 사진은 다를 수 있어 원하는 조건에 맞는 매물이 있다면 약속시간을 정해 직접 현장을 방문해 살펴보는 것이 좋다.

Step 3. 가계약금 입금

매물이 마음에 들었다면 가계약금을 입금해서 계약 우선순위를 확보할 수 있다. 다만, 가계약금을 보내고 다른 매물이 더 마음에 들어 계약을 파기하면 가계약금을 돌려받지 못하니 신중히 결정하자. 또 부동산 중개 수수료율을 사전에 확인하면 이사 예산을 짤 때 도움이 된다.

네이버에서 '부동산 중개 수수료 계산기'를 검색하면 금액을 쉽게 알 수 있으니 참고하자.

Step 4. 계약서 작성

보통 계약서를 작성하면서 보증금의 10%를 입금하고 중도금과 잔금 입금 날짜를 정한다. 이때 추후 문제가 생기지 않도록 계약서의 내용이 협의된 내용이 맞는지 계약서와 전월세 입금 통장이 임대인 본인 이름이 맞는지 등을 확인한다. 하자 보수나 필수적으로 계약서에 넣어야 하는 내용이 있다면 특약사항으로 꼭 기입해달라고 요청하자.

Step 5. 잔금 및 월세 납부 & 입주

방 상태를 꼼꼼하게 체크한 뒤 정해진 날짜에 잔금과 월세를 납부하고 입주한다. 만약 방에 문제가 있다면 사진을 찍어 집주인과 중개인에게 이사 오기 이전에 발생한 일임을 알린다.

Step 6. 전입신고, 확정일자 받기

계약 시 반드시 '전입신고'와 '확정일자'를 받아야 한다. 만약 저 두 가지를 받아 두지 않는다면 혹시라도 보증금 등으로 문제가 생길 경우 아무런 조치를 취할 수 없다.

전입신고는 주민센터에 직접 방문하거나 공인인증서를 활용해 정부24 홈페이지에서 간단하게 온라인으로 처리할 수 있다. 단, 주민센터는 내가 이사 간 주소의 주민센터만 가능하다.

확정일자는 계약한 계약서를 들고 가까운 등기소나 주민센터로 가면 '확정일자' 날인을 받을 수 있다. 확정일자란 이날부터 이 집을 빌린 권리를 인정한다는 뜻인데, 집주인 동의가 없어도 되는 일이니 그냥 진행하면 된다.

4

이사 갈 때 체크리스트

1. 이사 대행업체 선정 후 예약

이사 갈 집을 구하고 이사 일정이 정해지면 포장이사, 반포장이사, 용달 등 이사방법을 결정한 후 이사 대행업체 몇 곳의 견적을 비교해 본 뒤 예약한다. 포장이사를 이용할 때에는 표준계약서를 받아두면 추후 문제 발생 시 도움이 된다.

이사 종류는 직접 포장을 하고 운반만 요청할 것인지, 포장과 운반 모두 요청할 것인지, 본인 짐 크기와 양, 사정에 따라 이사 종류를 정하면 된다. 작은 평수의 이사를 고민할 경우 소형업체를 찾는 것이 좋으며 2주 전 계약을 해두어야 비용적으로 부담을 덜고 예상 못 한 지출을 막을 수 있다.

2. 불필요한 물품 정리

베란다, 옥상, 창고 등에 자리한 큰 짐들과 불필요한 물품을 정리한다. 개인적으로 설치했던 선반, 커튼, 칸막이 등 구조물을 철거한다.

이사 폐기물은 동사무소에서 스티커를 구매하거나 구청 홈페이지에서 폐기물 배출신고를 한 뒤 프린트로 출력해 붙인 후 지정된 장소에 내놓아야 한다.

대형 가전제품의 경우 폐가전 수거 센터에서 예약하면 무료로 수거가 가능하다.

일부 건물에서 직접 처리해 주기도 하나, 금액이 훨씬 비싸기 때문에 구청을 통하는 것을 추천한다.

3. 주소 이전 신고 및 배달 중지

각종 통장 및 신용카드 주소를 변경하고 우체국에 주소 이전 신고를 해야 한다. 생수, 유제품 등 정기배송을 하는 제품이 있다면 배달 중지 또는 이전을 신청해야 한다.

그렇지 않으면 새로운 집주인이 택배를 받을 수 있는 난감한 일이 생길 수 있으니 유의하는 것이 좋다. 우체국 홈페이지 '주거이전 서비스'를 클릭해 신청하면 된다.

체크카드와 신용카드의 주소지 변경은 이용 금융사 고객센터나 온라인, 앱 등을 통해 가능하다.

4. 이사 갈 집 배치도 그려보기

이사 갈 집의 방 크기, 현관 및 방문, 창문 위치 등을 파악해 미리 가구 배치도를 작성한다. 특히 줄자를 가져가서 치수를 정확하게 측정해야 한다. '이정도면 되겠지?'는 90% 실패한다. 짐을 옮겨주는 분들에게 큰 가구 배치나 물건을 놓아둘 곳을 미리 말을 해줘야 하기 때문에 꼭 필요하다. 여기저기 옮겨가며 배치를 변경하는 것은 이사가 끝난 뒤 혼자 있을 때 할 수 있는 일이라는 것을 명심하자.

이미 비어있는 집으로 옮기는 것이라면 부동산과 상의해서 하루 전날 큰 가구를 배치해두는 것도 도움이 된다. 이사를 할 때 침대나 장롱 등 큰 가구들을 구입할 수도 있는데 이삿짐과 동시에 설치가 오게 되면 혼란스러울 수도 있다.

5. 가스, 전기, 수도요금 정산

관리비를 건물 관리사무소에서 통합적으로 관리한다면 이사 이후에는 관리비가 발생하지 않는다. 하지만, 전기, 수도요금을 직접 내고 있었다면 미리 조치를 해야 한다. 특히 자동이체가 되어 있는 경우 해지 신청을 꼭 확인하자.

가스는 관할 도시가스 회사 고객센터에 연락해 중간밸브 철거 신청, 전출 접수를 할 수 있다. 그리고 이사일까지 요금을 정산해야 한다.

전기와 수도도 각각 한국전력 고객센터, 관할 상수도 사업본부에 연락해 일할 계산하면 된다.

6. 이사 가기 전에 집 상태 미리 찍어두기

전·월세 계약을 하고 이사를 하기까지 조금의 시간이 남는다. 미리 가서 집에 하자가 있는지 미리 살펴보자.

이사를 나가는 것과 들어오는 것이 하루 만에 다 이뤄질 수도 있겠지만 만일 내 짐이 들어오기 전에 수리가 필요하거나 하자가 있는 곳을 사진 찍어서 남겨야 한다.

혹시 모를 집주인과의 분쟁에 대비하는 것으로, 벽지가 뜯어져 있거나 오염된 곳, 바닥에 손상이 있는 곳 등이 있다면 모두 찍어두자. 못이나 나사가 박힌 곳도 미리 확인해두면 좋다.

7. TV, 인터넷 등 이전할 것 미리 챙기기

TV, 인터넷, 정수기 등 이전 설치해야 할 것이 있다면 미리 이사일에 맞춰 신청해두자. 이사하는 날 다 함께 설치하도록 이사일 오후 시간에 맞춰두면 번거로운 일을 줄일 수 있다.

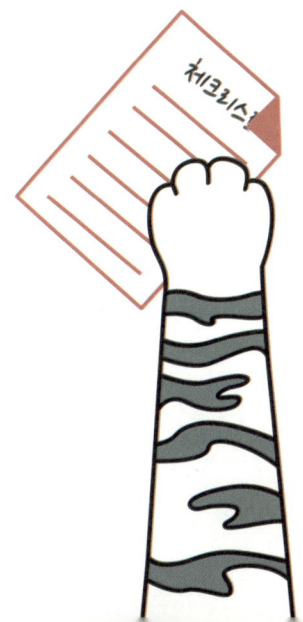

• 이사 직전 체크리스트 •

- [ ] 이사 업체 선정하고 견적 받기 (최소 2곳 이상)
- [ ] 이사 귀중품 챙기기
- [ ] 폐기물 신고하고 버리기
- [ ] 주소 이전
- [ ] 청구서, 명세서 주소 이전
- [ ] 이사 가는 집 엘리베이터 사용 및 이사절차 확인
- [ ] TV, 인터넷 이전 예약
- [ ] 살고 있는 곳에 이사 날짜 미리 알리기
- [ ] 관리비 정산 (가스, 전기, 수도)
  *직접 해야 할 수도 있고 관리 사무실에서 한 번에 정산해야 할 수 있음
- [ ] 열쇠, 카드키 등 반납품 반납

5

이삿짐 효율적으로 싸는 방법

이사를 할 때 짐을 쌀 생각만 해도 막막한 적이 있지 않은가?
요령을 몰라서 손발이 고생하는 일이 없도록
이삿짐 효율적으로 싸는 방법을 알아보자.

Step 1. 불필요한 짐은 버리기

이사 비용은 이삿짐의 양에 따라 달라지기 때문에 불필요한 짐은 미리 버리는 것이 비용 절약에 좋다. 이때 가전, 가구 등은 중고거래 사이트 등을 이용해 팔면 일정 금액을 벌 수 있고, 무료 나눔을 하면 쓰레기 처리 비용을 절약할 수 있다.

Step 2. 미리 사진 찍어두기

이사 가기 전 살고 있는 집의 책장, 화장대, 책상, 컴퓨터 케이블 등의 배치 사진을 찍어 두면 이사 간 집에 도착해서 짐을 정리할 때 참고할 수 있어 빠르게 짐을 정리할 수 있다.

Step 3. 따로 챙겨야 할 물건들 챙기기

이사 도중 문제가 생겼을 때 이를 증명해 배상받는 일이 쉽지 않다. 이 때문에 이사 후 당장 필요한 물건들과 파손의 우려가 있는 물건, 귀중품 및 통장 등은 미리 따로 챙겨 두는 것이 좋다. 이사 도중 잃어버릴 수 있는 노트북이나 중요한 물건은 따로 챙겨주자.

Step 4. 의류 포장하기

옷을 포장할 때는 평소 보관해둔 상태 그대로 종류별로 구분해 담는다. 이때 큰 비닐이나 김장 비닐을 이용해 담으면 옷이 섞이는 것을 방지할 수 있으며, 압축 비닐 등에 옷을 포장하면 부피를 최소화할 수 있다.

Step 5. 서랍장 고정하기

화장대나 책상 등 서랍이 있는 가구를 옮길 때는 파손이나 분실의 위험이 있기 때문에 서랍 안에 신문지를 구겨 넣어 물건을 고정시킨 후 입구 부분을 테이프로 밀봉하는 것이 좋다.

Step 6. 마스킹 테이프 활용하기

마스킹 테이프를 깨지기 쉬운 거울이나 액자 등에 대각선 방향으로 붙여주면 가벼운 진동 및 충격을 흡수해 준다. 강한 충격에는 깨질 수 있지만 유리 파편이 튀는 것을 최소화할 수 있다.

Step 7. 식기 포장하기

그릇은 크기와 모양이 비슷한 것끼리 정리하고, 무거운 것은 아래로 가벼운 것은 위로 가게 해 하나씩 에어캡으로 포장하면 이사 도중 식기가 깨지는 것을 방지할 수 있다.

Step 8. 박스 빈틈 채우기

박스에 빈 공간이 있으면 안에 들어있는 물건이 흔들려 섞이거나 서로 부딪혀 망가질 수 있기 때문에 수건이나 신문지 등으로 채워 흔들림을 최소화하는 것이 좋다.

특히 주방 그릇 등이 담긴 박스는 파손의 위험이 있기 때문에 꼼꼼하게 빈틈을 채워줘야 한다.

Step 9. 박스에 내용물 표시하기

수납장의 위치와 '식기 / 화장대 / 겨울옷' 등의 내용물을 박스 윗면에 매직 등으로 보기 쉽고 자세하게 적으면 도움이 된다. 박스를 다 뜯어보지 않아도 물건을 놓아야 하는 위치를 알 수 있어 보다 빨리 정리할 수 있다.

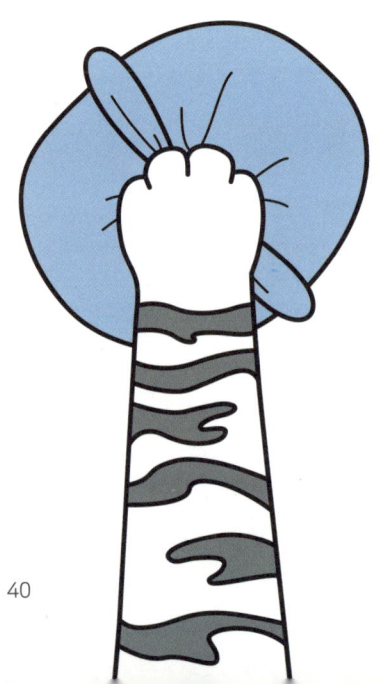

6

이사 갈 때 필요한 사이트 모음

미리 알아두면 이사할 때 손발이 고생하지 않는
유용한 사이트들을 알아보자.

1. 인터넷 우체국 : 주거이전 서비스
(https://service.epost.go.kr/)

주거이전 우편물 전송 서비스란 전입신고로 주소지가 변경된 경우, 이전 주소지가 기재된 우편물을 새로운 주소지로 배달하는 우편물 전송 서비스이다.

2. 폐가전 제품 배출예약 시스템: 폐가전 무상 방문 수거 서비스
(http://www.15990903.or.kr/)

폐가전 제품을 버리기 위해서는 관리사무소 또는 주민센터에 폐기물 수거 신청을 하고 수수료를 내야 되지만 폐가전 제품 무상 방문 수거 서비스를 이용하면 수거 기사가 직접 방문해 폐가전제품을 수거해간다. 다만 모든 종류의 폐가전 제품을 수거해 가는 것은 아니기 때문에 품목을 확인한 후 신청해야 한다.

• 폐가전제품 수거 품목 •

분류	품목
단일수거 가능품목	냉장고, 세탁기, 에어컨, TV, 전기오븐, 자동판매기, 런닝머신, 식기건조기, 식기세척기, 복사기, 전기정수기, 냉온정수기, 공기청정기, 전자레인지, 제습기
세트품목	오디오세트(전축), 데스크탑 PC세트(본체 + 모니터)
다량 배출품목	가습기, 비디오플레이어, 스캐너, 연수기, 음식물처리기, 전기밥솥, 전기온수기, 전기히터, 청소기, 튀김기, 감시카메라(CCTV), 빔프로젝터, 식품건조기, 영상게임기, 재봉틀, 전기비데, 전기주전자, 제빵기, 커피메이커, 헤어드라이어, 믹서기(주서기), 선풍기, 약탕기, 유무선공유기, 전기다리미, 전기안마기(안마의자 제외), 전기프라이팬, 족욕기, 토스트기, 모니터, 노트북, 내비게이션, 팩시밀리, 휴대폰, 오디오 본체, 오디오 스피커, 오디오 포터블, 프린터

3. 도시가스 : 전출 & 전입 도시가스 이전 신고

도시가스는 도시가스사업 법에 따라 자격을 취득한 민간기업 32개 사에서 각 가정이나 기업에 공급하고 있다. 지역별로 도시가스 회사가 달라 이사 가는 지역에서 사용하는 도시가스 회사를 확인 후 신청해야 한다.

지역별 도시가스회사 현황은 한국도시가스협회(http://www.citygas.or.kr/)에서 확인할 수 있다.

이사 가고자 하는 지역의 도시가스회사를 확인했다면 신청을 해야 한다. 최소 3일 전에는 예약해야 원하는 날짜에 서비스를 이용할 수 있다.

• 도시가스 사용 신청절차 •

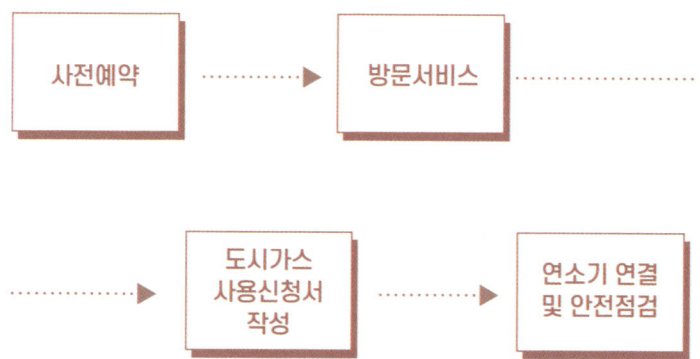

4. 한국전력공사 : 전출 & 전입 전기 이전 신고
(https://home.kepco.co.kr/)

이사 당일 전력 사용지침(계량기 현재 지침)을 확인한 후 한국전력공사 사이버지점 or 고객센터(☎국번없이 123)를 통해 관할 지점에 신고하면 된다.

5. 수도 : 전출 & 전입 수도 이전 신고

해당 지역 상수도 사업본부에 '신/구 소유자(사용자) 사용요금 분리신고'를 해야 한다. 이사 정산 요금은 최종 검침일부터 이사 시점까지 이용 기간과 사용량을 30일로 추정해 계산하는 만큼 이사 당일 확인하는 것이 유리하다.

• Q & A •

아파트에 사는데 이사할 때 공공요금 정산은 어떻게 하면 되나요?

아파트, 연립주택 및 다세대주택과 같은 공동주택에 사는 경우 관리비에 전기 요금, 도시가스 요금, 상하수도 요금이 포함되어 있는 경우가 많다. 이런 경우에는 관리 사무실에 연락해 이사일까지의 관리비 정산을 의뢰하여 처리하면 된다.

7

이사 상식: 손 없는 날

혼례, 이사, 개업 등 택일의 기준으로 삼는 우리나라 민속신앙인 '손 없는 날'에 대해서 알고 있는가?
이사 예약이 많은 주말과 손 없는 날을 피할 수 있다면 이사 견적 비용을 10~20만 원은 더 저렴하게 아낄 수 있다.

✋ 손 없는 날의 '손'이 뭘까요?

신체 부위의 손(hand)이라고 생각할 수도 있고 일손 없는 날로 생각할 수도 있지만 이사할 때 따지는 손 없는 날의 '손'은 악귀의 이름이다. 악귀 손은 날짜에 따라 동서남북 4방위로 다니면서 사람들에게 해코지하며 사람들의 활동을 방해한다고 한다.

✋ '손 없는 날'이란?

'손 없는 날'이란 악귀인 '손'이 없는 날이라는 뜻으로, 귀신이나 악귀가 돌아다니지 않아 인간에게 해를 끼치지 않는 길한 날을 의미한다.

이 때문에 이사, 혼례, 개업 등 새로운 출발의 의미가 있는 날이나 중요한 날을 잡을 때 악귀가 있는 '손 있는 날'을 피해서 '손 없는 날'에 주요 행사 날짜를 정하려고 하는 사람들이 많아 비용이 더 비싸게 책정된다.

✋ '손 없는 날'은 언제?

그렇다면 '손 없는 날'은 언제일까? 현재 위치를 기준으로 하여 움직이고자 하는 방향에 따라 정해져 있는 '손' 있는 날을 제외한 날과, 어느 방향에도 악귀가 활동하지 않는 음력으로 끝수가 9와 0인 날, 즉 9일과 10일, 19일과 20일, 29일과 30일이 해당된다.

• 손 없는 날/ 손 있는 날 •

손 없는 날 (음력 기준)
9일, 10일, 19일, 20일, 29일, 30일

손 있는 날 (음력 기준)	
동	1일, 2일, 11일, 12일, 21일, 22일
서	5일, 6일, 15일, 16일, 25일, 26일
남	3일, 4일, 13일, 14일, 23일, 24일
북	7일, 8일, 18일, 27일, 28일

✋ '손 없는 날' 꼭 따져야 할까?

민간 신앙이기 때문에 꼭 따질 필요는 없다. 하지만 손 없는 날은 이사 비용이 두 배 이상 오르기도 하기 때문에 저렴하게 이사를 가고 싶다면 '손 없는 날'을 피해 '손 있는 날'을 이사 날짜로 잡으면 된다. 만약 영 찜찜하고 비용을 비싸게 지불해도 좋은 날에 가고 싶다면 '손 없는 날'에 이사를 가면 된다.

꿀팁! 이사 비용 줄이는 방법

1. 이사일과 입주일 맞추기

이사할 때 새로 이사 가는 곳의 입주일과 이사일을 맞추지 못할 경우에는 이사를 2번 해야 하는 일이 발생할 수 있다.
기존 집을 모두 포장하고 입주일이 올 때까지 보관이사를 해야 하기 때문에 짐을 2번 옮겨야 하고 보관료도 지불해야 한다. 이러면 이사 비용이 1.5~2배까지 많이 들 수 있다.

2. 추가 비용 조심하기

이사를 할 땐 사다리차, 에어컨 설치, 입주 청소 등 추가 비용이 발생하는 일이 종종 생긴다. 일반적인 견적 비용에는 사다리차 이용료는 포함되지 않는다. 대게 엘리베이터를 활용해 이사를 하기 때문이다. 하지만 건물의 특성상 엘리베이터를 이용할 수 없는 경우 사다리차를 이용해야 할 수 있다. 사다리차는 20층 기준으로 약 20만 원 정도 비용이 소요되기 때문에 만만치 않은 금액이다.
더불어 엘리베이터를 이용할 때도 이사하는 건물의 관리사무소 등에 이삿날 엘리베이터 사용료를 5~10만 원 정도 의무적으로 내야 하는 경우가 많을 것이다. 사전에 꼭 알아보도록 하자.

8

시간을 절약하는 효율적인 방 청소 순서

방 청소를 하는데 많은 시간을 소비하고 있진 않은가?
효율적으로 시간을 단축시키는 방 청소 방법에 대해 알아보자.

Step 1. 먼저, 더러운 옷과 깨끗한 옷을 구별해 정리한다. 더러운 옷은 세탁물 바구니에 넣고 깨끗한 옷은 잘 개서 옷장에 넣는다.

Step 2. 본격적인 청소를 시작하기 전 세탁기 먼저 돌린다. 세탁기에 분류한 옷을 넣어 가장 긴 시간으로 빨래를 시작한다.

Step 3. 방안의 모든 쓰레기를 버린다. 어차피 버려야 할 쓰레기라면 먼저 버리고 정리를 시작하는 것이 효율적이다. 버릴 때는 일반 쓰레기와 재활용 쓰레기를 구분하여 버리자.

Step 4. 방안의 설거지 거리는 모두 부엌 싱크대에 넣어둔다. 청소를 하다 깨질 위험이 있기 때문에 설거지는 지금 하는 것이 아닌 마지막에 하는 것이 좋다.

Step 5. 쓰임 별로 물건을 분류한다. 안방, 거실, 부엌 등 물건이 있어야 하는 위치에 따라 상자나 봉지를 이용해 분류하자.

Step 6. 버릴지 말지 고민되는 물건은 따로 둔다. 고민을 하다가 청소시간이 길어질 수 있기 때문에 고민은 나중으로 미루자.

Step 7. 'step5'에서 분류한 물건들을 제자리에 정리한다. 이 때 고민되는 물건을 제외하고 확실하게 어떻게 정리해야 할지 아는 물건들만 정리한다.

Step 8. 청소기로 바닥의 먼지를 빨아들인 후 물걸레질을 하고 책상이나 선반 등 먼지가 쌓인 곳을 행주로 잘 닦아준다.

Step 9. 부엌 싱크대에 넣어두었던 설거지를 하고 물기가 잘 빠지도록 정리한다.

Step 10. 고민되는 물건들을 마저 정리한다. 어느 자리에 두어야 할지, 버려야 할지 고민이 되는 물건들을 분류하고 최근 1년 동안 사용한 적이 없는 물건이라면 과감하게 버리는 것이 좋다.

적당한 자리를 찾지 못하거나 자주 사용하진 않아도 가끔은 필요한 물건이라면 그 박스 그대로 담아 창고나 수납장에 넣어둔다.

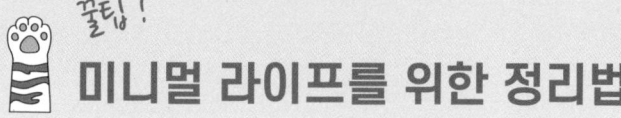

미니멀 라이프를 위한 정리법

불필요한 물건으로 가득 찬 서랍장! '언젠가는 쓰겠지…'라며 1년 이상 사용하지 않고 방치한 물건들을 이제는 비울 때가 왔다.

정리의 시기는 바로 '변화가 필요할 때'이다. 분명 처음 이사 왔을 때 깔끔하게 정리를 하고 시작했는데 방이 창고처럼 변해간다면 바로 시작할 때다.

이 물건을 버려야 할지 말지 고민이 된다면 이 세 가지 질문을 거쳐서 버릴지 말지 결정한다.

정리를 위한 3가지 질문

☐ 나에게 현재 필요한가?

☐ 이미 여러 개 있는가?

☐ 나의 생활 패턴과 맞는가?

1. 바깥부터 안쪽으로

집 전체를 기준으로 베란다부터 정리하고 거실, 그다음 방을 정리한다. 바깥부터 차근차근 정리를 시작한다.

2. 큰 물건부터 차례대로

소파, 책상, 책장, 옷장 등 크기가 큰 가구나 물건들을 먼저 정리한 후 화장품, 노트 등 작은 물건을 정리하는 것이 효율적이다.

3. 공간보다는 물건 먼저

안방 전체 정리를 방 자체로 시작한다면 막막해서 포기할 수 있다. 방 자체보다는 옷 정리, 화장품 정리 등 정리 범위를 물건으로 잡고 물건들 먼저 정리하는 것이 좋다.

4. 중고 거래 이용하기

사용하지는 않지만 버리기에는 아까운 물건들이 분명히 있다. 이럴 때는 중고거래를 이용하여 안 쓰는 물건들을 판매하자.

5. 소비 줄이기

열심히 정리했으면 앞으로 가장 중요한 것은 불필요한 소비를 줄이는 것이다. 정리를 했어도 소비가 그대로라면 금세 원래대로 돌아오기 때문에 물건을 살 때 신중하게 고민한 후 사도록 한다.

9

설거지 빨리하는 노하우

자취생활을 힘들게 만드는 요인 중 하나로 꼽히는 설거지, 어떻게 하고 있는가? 끼니를 해결하는 것도 힘들지만 먹고 나서 치우는 일은 더 힘든 일이다.

1. 효율적인 설거지 순서

제대로 된 기본 상식을 갖추고 설거지를 하면 더 빠르고 깨끗하게 설거지를 마칠 수 있다.

귀찮다고 해서 사용한 모든 그릇을 한꺼번에 설거지통에 넣고 바로 닦는 것은 시간과 노력이 두 배로 드는 일이다.

기름 등 미끈거리는 이물질이 묻은 그릇은 키친타월로 닦아내고, 음식물이 눌어붙은 식기나 기름, 소스로 뭉칠 수 있는 그릇들은 따뜻한 물에 불려야 한다.

그릇을 넣을 통에 미지근한 물과 세제를 풀어 미리 불려 놓으면 더 때가 잘 닦일 뿐만 아니라 물도 적게 사용할 수 있다.

입에 직접적으로 닿아 위생상 중요한 젓가락, 숟가락 같은 식기는 가장 먼저 설거지를 해주는 것이 좋다. 설거지를 더 수월하게 하려면 아래 순서로 해보자.

• 설거지하는 순서 •

기름기가 있는 그릇을 먼저 설거지할 경우 기름이 다른 그릇과 수세미에 묻어 다른 그릇을 오염시킬 수 있기 때문에 나중에 하는 편이 설거지를 하기 수월하다.

2. 설거지 후 뒷정리

그릇만 닦았다고 설거지가 끝나는 것이 아니다. 깔끔한 뒷정리도 설거지의 과정 중 하나라고 할 수 있다.

특히 고무장갑을 사용해 설거지를 한다면 마지막에는 세제나 비누를 이용해 고무장갑을 비벼 씻은 후 말려두어야 한다. 고무장갑 틈 사이에 세균이 번식할 수 있기 때문이다.

수세미도 마찬가지이다. 고무장갑과 같은 방식으로 세제를 이용해 한 번씩 씻어 주는 것이 중요하다.

음식이 낀 상태로 방치하다 보면 설거지를 깨끗이 해야 할 수세미가 세균 덩어리가 될 수 있다.

마지막으로 싱크대를 물로 한 번씩 깔끔하게 씻어 주고, 배수구에 막힌 것이 없는지 확인한다.

3. 설거지 식기 줄이기

설거지 거리도 줄이고, 조리 시간도 줄이기 위해 최대한 적은 식기 사용하는 것이 도움이 된다.

이 때문에 자취생들에게는 삶고, 볶고 모든 걸 한 기기로 해결할 수 있는 원-팬 요리가 유행으로 떠오르기도 했다.

다른 방법으로 식사 시 최대한 사용할 그릇 수를 줄이는 방법도 있다. 대표적으로 반찬 여러 개와 국, 밥을 같이 놓을 수 있는 급식판이 있다.

급식판은 음식물이 섞이지 않게 정돈시켜주고 물에 쉽게 씻기는 소재로 되어 있어 설거지가 수월하다.

급식판은 학창 시절에 사용하던 디자인 이외에도 온라인에서 다양한 디자인으로 판매되고 있다.

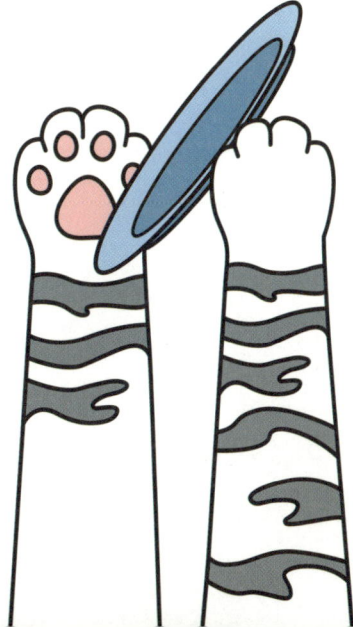

2장,
자취 N년차

자취 생활의 질을 조금 더
올려줄 수 있는 꿀팁

1. 탄 냄비 새것처럼 심폐 소생하는 방법

2. 베이킹소다 활용의 모든 것

3. 요리하면 더러워지는 가스레인지, 인덕션 청소 방법

4. 빨래 냄새 제거를 위한 세탁기 청소 방법

5. 이불 소재별 세탁 방법

6. 안 열리는 잼 뚜껑 현명하게 여는 4가지 방법

7. 전자레인지로 할 수 있는 모든 것

8. 초간단 냉장고 청소방법 A to Z

9. 각종 가전제품 청소하는 방법

10. '화장실 청소' 락스 사용 시 주의사항 5가지

11. 뚫어뻥 없이 막힌 변기 시원하게 뚫는 방법

12. 치약으로 할 수 있는 모든 것

13. 헷갈리는 재활용품 품목별 올바른 분리수거 방법

14. 설거지할 때 주의해야 할 싱크대에 버리면 안 되는 것들

15. 음식물 쓰레기 어떻게 관리해야 할까?

16. 쉽게 더러워지는 유리창, 거울 청소 방법

1

탄 냄비 새것처럼 심폐 소생하는 방법

과도한 조리로 냄비 밑이 까맣게 타버린 경험 있는가?
타는 건 한순간이지만
탄 부분을 제거하기 위해서는 꽤 시간이 걸린다.

준비물

| 콜라 | 치약 |

물로 불리거나 수세미로 문질러도 잘 닦이지 않는 탄 냄비,
어떻게 새것처럼 만들 수 있을까?

보통 냄비의 탄 부분을 없애기 위해 철 수세미로 바닥을 박박 비비는 사람이 많다. 하지만 무리한 힘을 주며 바닥을 벗겨내는 것은 냄비의 탄 부분뿐만 아니라 코팅까지 벗겨지게 된다.

• 탄 냄비 설거지하는 순서 •

1. 콜라와 치약을 약 일대일 비율로 잘 섞어준다. 너무 세게 흔들면 기포가 과하게 생겨 넘칠 수도 있으니 주의하자.

2. 섞은 용액을 탄 냄비에 붓고 20-30분 정도 기다린다. 탄 정도에 따라 더 오래 걸릴 수도 있다.

3. 시간이 지나면 일반 수세미를 이용해 탄 부분을 밀어내듯이 닦아낸다.

4. 철 수세미만 이용한 방법보다 편하게 탄 냄비를 세척할 수 있다. 이후 물로 완전히 헹궈주고, 건조를 잘 시켜준다.

다만, 콜라를 이용하는 방법은 색깔이 염색될 수 있는 하얀 냄비에는 추천하지 않는다.

또한 냄비의 소재에 따라 탄 부분의 제거가 잘되지 않을 수 있으므로 미리 검색을 한 번 해보고 세척하는 것이 좋다.

2

베이킹소다 활용의 모든 것

자취 필수품이라고 해서 베이킹소다를 사긴 했는데
집에 모셔 두고만 있다면 당장 꺼내서 사용해보자.
사실 베이킹소다는 활용도가 높아 자취 만렙들이 자주 활용하는
'마법의 가루'라고 불린다.

1. 설거지

설거지 전 베이킹소다를 물에 풀어 그릇들을 담가놨다가 빼서 닦아준다. 물 때가 잔뜩 낀 도마에도 베이킹소다 1큰술을 부어 문질러 주면 깨끗하게 청소할 수 있다. 요즘 환경오염을 막기 위해 베이킹소다로 설거지를 한다는 내용의 글들을 많이 볼 수 있다. 설거지가 전혀 되지 않는 것은 아니지만 경험상 뽀득뽀득한 느낌을 얻을 수가 없어 찝찝하다. 설거지에 주방세제를 아예 쓰지 않기는 힘드니 적절하게 섞어가며 사용하자.

2. 간단한 빨래

빨래하기 전에 베이킹소다를 세제의 반 정도 넣어준다. 손빨래도 가능하고 세탁기에 넣어 사용하는 것도 가능하다. 육안으로는 세제만 넣고 빨래를 했을 때와 큰 차이점을 잘 느끼지 못할 수도 있지만 베이킹소다를 넣으면 세균 번식을 막아주고 찌든 때를 제거하는 역할을 한다.

3. 과일 세척

베이킹소다 1큰술을 물에 풀고 과일을 담가준다. 물의 양은 과일이 거의 잠길 정도로 맞춰주고, 다른 제품 필요 없이 베이킹소다만 넣고 씻어주면 잔류 농약이나 불순물을 깨끗하게 제거할 수 있다.

4. 화장실 청소

분무기에 종이컵으로 세 컵 정도의 물과 베이킹소다 1큰술을 넣고 섞어준다. 화장실 전체에 뿌려준 뒤 물로 세척하고, 타일 틈새 같이 더러운 부분은 칫솔로 문질러 주면 된다. 찌든 때가 벗겨지면서 한 번에 청소가 가능하다. 다만 간단한 청소에만 사용하고 대청소는 락스로 하는 것을 추천한다. 이외에 베이킹 소다와 식초를 1:1 비율로 섞어 부어주면 막힌 하수구도 뚫고 냄새까지 제거할 수 있다.

5. 전자레인지 청소

전자레인지용 그릇에 물과 베이킹소다를 3:1로 잘 섞어준 뒤 전자레인지에 넣고 5분 정도 돌려준다. 베이킹소다 수증기로 불려진 찌든 때를 물티슈로 닦아준다.

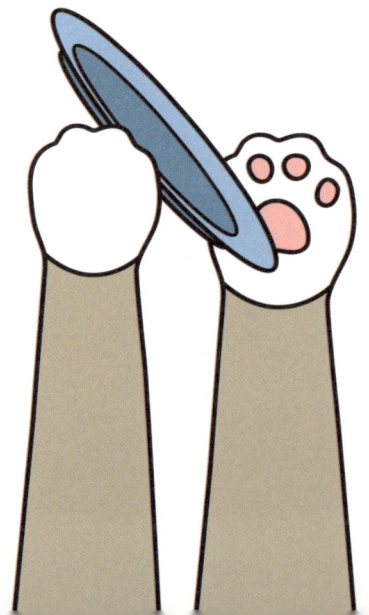

3

요리하면 더러워지는 가스레인지, 인덕션 청소하는 방법

1. 가스레인지 청소법

가스레인지는 인식하지 못한 사이, 쉽게 더러워진다. 음식을 조리하는 공간인 만큼 깔끔하게 관리하는 방법에 대해 알아보자.

Step 1. 청소하기 전 가스밸브를 잠근다.

Step 2. 주철 석쇠와 버너 커버를 분리한다.

Step 3. 뜨거운 비눗물을 사용하여 얼룩을 제거한다.

Step 4. 얼룩이 쉽게 제거되지 않으면 베이킹 소다나 식초에 담가준다.

Step 5. 사용하지 않는 칫솔에 비눗물을 묻혀 버너 점화기 주변을 청소한다. (*화학물질이 점화기에 닿지 않게 주의)

Step 6. 점화 스위치 역시 비눗물과 칫솔을 이용하여 닦아준다.

2. 인덕션 청소법

가스레인지 대신 인덕션이 설치된 집도 많다. 인덕션은 가스레인지보다 소음이 적고 관리가 쉬우나, 자주 사용하다 보면 그을음이 생기곤 한다. 인덕션 청소 전에는 꼭 꺼져 있는지 확인을 하고 사용한 지 얼마 되지 않았다면 열이 식은 후 청소하자.

Step 1. 얇은 수세미에 주방 세제를 뿌려준다.

Step 2. 그을음 자국이 난 주변을 수세미로 닦는다. 이때 너무 세게하면 인덕션이 상할 수 있으니 살살해준다.

Step 3. 행주로 거품이 난 부분을 깨끗이 닦아낸다.

Step 4. 수세미에 치약을 발라준다.

Step 5. 치약이 묻은 수세미로 인덕션을 구석구석 닦는다.

Step 6. 그대로 20분 방치한 후 마른행주로 남아있는 치약을 닦아준다.

Step 7. 그을음 때가 제거되어 이전보다 깨끗해진 인덕션을 볼 수 있다.

4

빨래 냄새 제거를 위한 세탁기 청소 방법

가끔 빨래에서 퀴퀴한 냄새가 날 수 있는데 그 이유는 무엇일까?
세탁기 내부 청소를 안 했다면 냄새가 날 수 있다.
청소를 하려고 해도 어디부터 어떻게 시작해야 할지
감이 안 잡히는 자취생들을 위해
다양한 세탁기 청소의 방법을 알아보자.

1. 세탁조 청소하기(드럼통 속)

옷에서 나온 보푸라기와 섬유 찌꺼기가 썩어서 생긴 곰팡이들이 세탁물에 묻어 나올 경우 냄새가 날 수 있다. 일반적으로 가장 많이 이용하는 방법은 세탁조 클리너를 사용하는 방법이다. 세탁조 클리너는 액상형, 가루형 2가지로 나온다. 세탁조 클리너 외에 과탄산소다를 이용해도 된다.

Step 1. 세탁기 전원을 켜고 세탁조에 세탁조 클리너 혹은 과탄산소다를 넣는다. (약 500g 정도) 과탄산소다는 찬물에 잘 녹지 않으니 뜨거운 물에 미리 녹여서 사용하는 것이 좋다.

Step 2. 세탁조 내부에 수건 2~3장을 넣는다. 수건이 돌아가면서 먼지와 물때를 더 효과적으로 제거한다.

Step 3. 온수, 표준코스를 선택하고 헹굼을 3번 정도로 한다.

Step 4. 세탁기가 다 돌아가면 뚜껑을 열어 말려주고 안 쓰는 칫솔로 세탁조 구석구석을 닦는다.

Step 5. 물때가 가장 많이 끼어 있는 부분이기도 한 고무 패킹은 손으로 고무 사이를 열어 칫솔로 물 때를 벗겨내 주면 된다.

2. 배수필터 청소하기

세탁기마다 위치는 다를 수 있으나 드럼세탁기 대부분은 드럼통 아래쪽을 보면 사각형으로 열릴 수 있도록 만들어진 부분이 있다. 여기에 머리카락이나 이물질이 많이 끼어서 세탁기의 고장 원인이 되기 때문에 최소 6개월에 한 번씩 주기적인 청소가 필요하다.

배수필터는 뒤에 호스를 열어 잔수를 먼저 제거한 후 필터에 감긴 먼지를 물에 씻겨 보내주면 된다.

3. 세제 투입통 청소하기

세제와 섬유 유연제를 넣는 통은 따로 분리가 된다. 세탁기와 분리한 세제 투입통은 물로 헹구고 속에 묻은 물 때를 깨끗하게 청소해 준다.

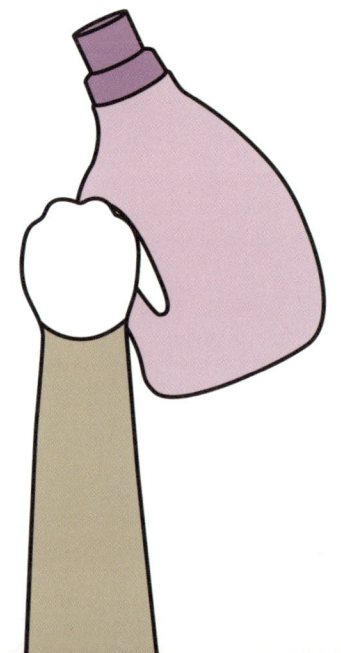

빨래 쉰내 안 나게 하는 꿀팁

✓ **습한 날에는 빨래 피하기**

습기가 많은 날에는 빨래가 잘 마르지 않아 냄새가 쉽게 흡수되고 물이 오랫동안 옷 속에 고여있기 때문에 퀴퀴한 쉰내가 난다. 빨래를 말릴 때는 어느정도 물기를 제거한 후 햇빛이 드는 곳에서 말리는 것이 좋다.

✓ **세탁기, 세제 용량 지키기**

세탁물을 많이 넣고 세탁하면 세탁이 제대로 되지 않을뿐더러 냄새가 날 수 있다. 세제나 섬유 유연제를 용량 이상으로 많이 넣으면 찌꺼기가 생겨 냄새가 날 수 있다.

✓ **급하게 쉰내 없애기**

쉰내 나는 옷을 물에 적셔 전자레인지에 3분 정도 돌려준다. 단, 쇠붙이나 장식품이 달린 옷, 합성 섬유 등은 작게는 옷감 변형 크게는 폭발이나 화재로 이어질 수 있어 주의해야 한다.

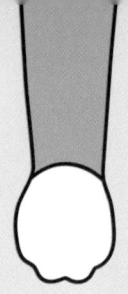

✓ 빨래 냄새는 옷장 관리부터

세탁 후 보관하는 방법도 냄새와 옷의 품질에 영향을 미친다. 세탁소에서 세탁한 의류를 보관할 때는 비닐포장지를 벗겨서 보관해야 변색 및 황변 예방에 용이하다. 옷장은 자주 열어 통풍이 잘 되도록 하고, 옷과 옷 사이에 틈을 줘 공기가 유입될 수 있도록 보관한다. 곰팡이는 습기로 인해 발생하기 쉽기 때문에 제습제를 사용하거나 햇빛을 통해 살균해야 한다.

5

이불 소재별 세탁 방법

가장 어려운 빨래는 이불 빨래라는 말에 공감하는
자취생들이 많을 것이다. 이불은 크고 무겁고 소재도 다양해
세탁기로 빨래를 할 수 없는 경우도 있다.
지금부터는 소재별 세탁 방법에 대해 알아보자.

1. 면 소재 이불

면 소재 이불은 세탁 시 중성세제나 알칼리성 세제를 사용한다. 면 전용 중성세제를 사용하면 섬유의 마찰력이 줄어들어 손상이 적어지기 때문이다.

세탁 마지막에는 일반 면 옷과 같이 섬유유연제를 사용한다. 정전기가 방지되고 이불의 촉감이 부드러워지는 효과가 있다.

2. 솜 소재 이불

양모 솜이 들어있는 이불의 경우에는 세탁보다 주기적으로 먼지를 털어주고 일광 소독하는 것이 좋다.

목화솜이 들어있는 이불의 경우에는 목화솜이 물에 닿으면 뭉쳐져서 사용할 수 없기 때문에 물세탁이 불가능하다. 평소 관리를 잘하고 이불을 털어서 사용해야 한다.

3. 양모 이불

양모 소재 이불은 세탁 시 쉽게 망가질 수 있기 때문에 형태 변형을 방지하기 위해 드라이클리닝을 해야 한다.

세탁을 자주 하기보다는 2~3년 주기로 드라이클리닝을 하는 것이 좋으며 수시로 먼지를 털어 말리는 것을 추천한다.

4. 극세사 이불

극세사 이불은 물세탁이 가능하고 다른 이불에 비해 건조가 잘 된다는 장점이 있다.

단점도 있다. 고온 세탁을 하면 제품의 변형이 일어날 수 있으니 액체 세제를 사용해 미온수에 단독 세탁해야 한다.

물세탁 시 섬유유연제를 사용하게 되면 극세사가 가지고 있는 부드러운 촉감과 흡수성을 잃을 수 있기 때문에 섬유유연제는 사용하지 않는 것이 좋다.

5. 오리털, 거위털 이불

오리털, 거위털 이불은 물세탁이 가능하지만 겉 원단에 따라 세탁방법이 다르기 때문에 겉 원단 소재를 확인해야 한다. 물세탁이 가능하다면 미온수에 중성세제를 이용하여 울코스/섬세코스로 세탁한다. 세탁 후에는 넓은 장소에 이불을 펴서 두드려주면 털이 뭉치는 것을 막을 수 있다.

꿀팁! 세탁기에도 돌려도 지워지지 않는 얼룩, 말끔히 지우는 방법!

땀자국: 땀자국 위에 레몬즙을 발라준 후 두 시간 정도 뒤에 세탁한다.

파운데이션: 알코올이 함유된 스킨을 화장솜에 적셔 얼룩 부위를 문지른 후 젖은 수건으로 두드려 준다.

립스틱: 립스틱이 옷에 묻었다면 클렌징 오일과 클렌징 폼을 사용하여 묻은 부위를 세탁한다.

볼펜: 지용성 볼펜 얼룩이 있는 부위에 물파스를 충분히 바른 후 손으로 문질러주면 얼룩이 깨끗하게 지워진다. 주방세제, 아세톤, 클렌징 폼, 치약, 핸드크림도 이용할 수 있다.

커피: 커피가 옷에 튀었을 때는 베이킹 소다를 물에 뿌린 뒤 커피 얼룩이 있는 부분에 얹어 세탁한다. 베이킹 소다가 없다면 탄산수에 얼룩 부위를 5분 정도 담근 후 살살 비벼주면 지워진다.

핏자국: 묻은 지 얼마 되지 않은 피라면 바로 찬물에 씻는다. 뜨거운 물은 혈액 속 단백질을 변형시켜 굳게 만들기 때문에 절대 사용해서는 안 된다.

카레: 따뜻한 물에 과탄산소다를 풀어 넣고 얼룩이 묻은 옷을 30-40분 정도 담근다. 그 후 주방세제를 묻힌 채로 비닐 팩에 넣어 전자레인지에 1분 정도 돌린 다음 세탁기에 넣고 빨아준다.

짜장: 식초를 뿌려 비빈 후 물로 헹군다. 식초에는 캐러멜 색소 표백 효과를 내는 유기산이 들어있기 때문이다.

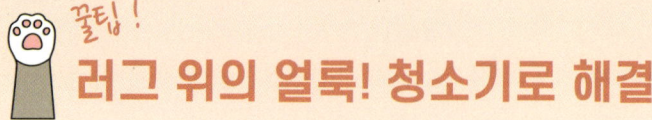

러그 위의 얼룩! 청소기로 해결

인테리어를 하면서 매트나 러그를 많이 활용한다. 실수로 묻은 얼룩은 쉽게 지워지지 않아 외관상 보기 좋지 않을뿐더러 얼룩을 계속 두는 것은 위생상으로도 좋지 않다.

STEP 1. 미지근한 물 한 컵을 매트에 묻은 얼룩 위에 부어준다.

STEP 2. 얼룩 부근까지 충분히 젖었는지 확인하고 마른 수건을 얼룩 위에 올려 둔다. 이때 두꺼운 수건보다는 얇은 수건을 이용하는 것이 좋다.

STEP 3. 마른 수건 위에 청소기를 대고 빨아들이는 것을 반복한다. 이렇게 해주면 청소기의 강한 압력으로 얼룩을 지울 수 있다. 이미 얼룩이 굳은 경우라면 미지근한 물 대신 치약이나 주방세제를 이용해 얼룩을 적신 후 마른 수건을 위에 대고 청소기로 빨아들여주면 된다.

6

안 열리는 잼 뚜껑 현명하게 여는 4가지 방법

냉장 보관한 잼이나 오래된 꿀 등 끈적한 설탕 성분 때문에
유리병 뚜껑이 열리지 않는 순간이 있다.
맨손으로 계속 시도했다가 얻는 건 고통뿐이다.

1. 고무장갑

고무장갑을 끼고 뚜껑을 돌려보자. 고무장갑 손바닥의 울퉁불퉁한 부분이 마찰력을 일으켜 병 따기를 쉽게 만들어준다.

2. 고무줄

고무장갑이 없다면 고무줄을 이용하는 방법이 있다. 고무줄을 뚜껑에 걸치고 여는 방향으로 돌려보자. 맨 힘으로 돌리는 것보다 마찰력이 생겨 열기 쉬워진다.

3. 뜨거운 물

병의 뚜껑을 뜨거운 물에 담가보자. 뚜껑과 병 사이에 굳어있던 내용물이 녹고 금속 뚜껑이 팽창하면서 틈이 생겨 뚜껑 열기가 편해진다.

4. 숟가락

숟가락으로 잼 뚜껑 위와 가장자리를 돌려가면서 때려보자. 뚜껑 사이에 틈이 생기면서 공기압 낮아져 열기가 훨씬 수월해진다.

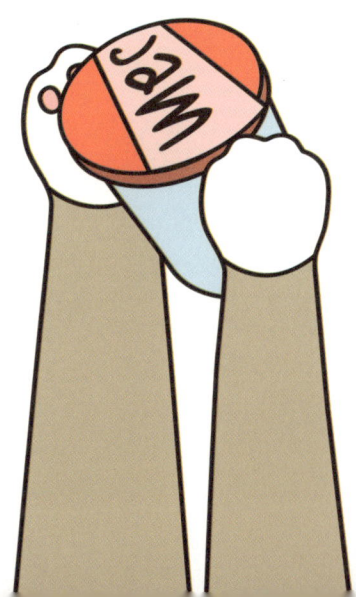

◎ 안 열리는 잼 뚜껑 현명하게 여는 4가지 방법

고무장갑

고무줄

1 | 2

3 | 4

뜨거운 물

숟가락

7

전자레인지로 할 수 있는 모든 것

1. 요리시간 줄여주는 전자레인지 활용법

✓ 전자레인지로 마늘 껍질 벗기기

마늘 밑동을 자르고 전자레인지에 20초 데워준다. 데워진 마늘을 살짝 눌러주면 쉽게 마늘이 빠진다.

✓ 전자레인지로 토마토 껍질 벗기기

토마토 밑바닥에 십자로 칼집을 내준다. 칼집을 낸 토마토를 랩으로 감싼 뒤에 전자레인지에 30초 데워준다.

전자레인지에서 꺼내어 물로 씻어주면 껍질이 쉽게 벗겨진다.

✓ 전자레인지로 채소 데치기

채소를 물로 씻기고 랩으로 감싼 뒤 전자레인지에 3분 데워준다. 전자레인지에서 꺼내보면 잘 데쳐진 채소를 확인할 수 있다.

2. 전자레인지로 행주 쉽게 빨래하기

요리 시 묻은 얼룩을 바로바로 지워주는 행주. 깨끗하게 유지하기 위해서는 삶는 방법이 주로 사용되는데, 전자레인지를 이용하면 직접 삶을 필요 없이 쉽게 행주를 빨래할 수 있다.

STEP 1. 행주의 얼룩을 세제로 문질러 지워준다.

STEP 2. 그릇에 물을 받고 행주를 넣어준다. 이때 그릇은 전자레인지에 들어갈 수 있는 것을 사용하는 것이 좋다.

STEP 3. 식초를 한두 방울 떨어뜨리고, 잘 섞어준다.

STEP 4. 베이킹 소다를 한 숟가락 넣은 뒤 잘 저어준다.

STEP 5. 전자레인지에 그대로 그릇을 넣은 후 5~7분간 돌린다.

STEP 6. 흐르는 물에 행주를 헹군 뒤 물기를 짜내고, 건조대에 말려준다.

3. 전자레인지로 살균 소독하기

✓ 수세미 살균하기

그릇을 닦을 때 쓰는 사포 재질의 수세미는 틈 사이사이 물이 빠져나가지 않는 구조로 되어있어 균이 번식하기 좋은 환경이다. 자주 멸균 세척을 하는 것이 좋다.

그릇 또는 비닐봉지에 충분히 젖은 수세미를 넣어주고 2분간 전자레인지에 돌려주면 멸균 효과를 볼 수 있다.

✓ 간단하게 칫솔 살균하기

칫솔을 전자레인지 안에 넣고 30~40초가량 돌리면 살균 효과를 볼 수 있다. 젖은 채로 돌리면 칫솔모가 망가질 수 있으니 완전히 마른 칫솔을 사용해야 한다.

4. 7분 만에 밥하기

머그컵에 씻어서 불린 쌀을 3분의 1 정도 채운다. 깊이는 손가락 한 마디 정도면 적당하다.

쌀을 넣은 머그컵을 접시로 덮고 전자레인지에 3분 데운다. 이후 물을 자작하게 넣고 1분 뜸을 들인다. 다시 접시를 덮고 전자레인지에 3분 돌리면 밥이 완성된다.

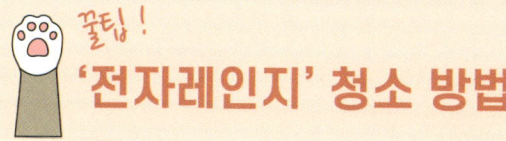

'전자레인지' 청소 방법

전자레인지에 냄새가 배면 위생적으로 음식에 좋지 않을 뿐 아니라 부엌 냄새에도 영향을 끼칠 수 있다. 인터넷을 검색하면 전자레인지를 청소하는 방법을 찾을 수 있지만 어떤 방법으로 해야 할지 그것도 고민이다.

1. 베이킹소다 청소법
컵에 식초를 1/3, 물과 베이킹소다를 3:1 비율로 섞는다. 전자레인지에 5분 돌려준 뒤 베이킹소다 물이 증발하면서 생긴 흰 가루를 물티슈로 함께 닦아준다.

2. 레몬 & 식초 청소법
컵에 레몬 껍질을 넣은 뒤 식초 1/3, 물 2/3를 넣고 섞어 준다. 전자레인지에 3분 돌려주고 깨끗한 행주로 잘 닦으면 된다.

3. 물 & 소주 청소법
입구가 넓고 높이가 낮은 그릇에 물을 반쯤 채운다. 물그릇을 전자레인지에 4분간 돌려준 뒤 깨끗한 행주로 닦아 준다. 이때 기름때가 남아 있는 부분은 분무기에 소주를 담아 뿌린 뒤 닦으면 된다.

4. 귤껍질로 찌든 때 제거하기

겨울철에는 먹고 남은 '귤껍질'로 전자레인지 청소를 할 수 있다. 귤껍질에는 냄새를 흡수하는 성분이 들어있어 전자레인지 냄새를 잡아주고, 수증기가 전자레인지 속의 물기를 만들어 때를 제거하기 쉬운 환경으로 바꿔준다.

귤껍질을 잘라 그릇에 옮겨 담고 귤껍질이 담길 정도로 물을 담아준다. 그릇을 전자레인지에 넣고 2~3분 정도 돌려준다. 그릇을 꺼내고 키친타월로 깨끗하게 닦아준다.

전자레인지에 절대 넣으면 안되는 것

전자레인지는 음식을 해동하거나 간편하게 데울 때 자주 사용하는 전자제품 중 하나이다. 그렇다고 '전자레인지'에 아무 음식이나 넣으면 고장이 날 수도 있다.

1. 삶은 계란, 계란 노른자
삶은 계란은 재가열시 전자레인지 보다 냄비를 사용하는 것이 좋다. 삶은 계란은 전자레인지에 넣으면 안에 있던 수분이 기화되면서 압력이 올라가게 되고 결국 압력을 견디지 못한 달걀이 터질 위험이 있기 때문이다. 계란 노른자 역시 전자레인지 조리 시 내부 압력이 높아져 터질 수 있기 때문에 반드시 노른자를 찔러서 터트려줘야 한다.

2. 알루미늄 포일을 감싼 음식
알루미늄 포일로 감싼 음식을 전자레인지로 데울 경우 알루미늄에서 나오는 금속 물질들이 열로 인해 음식에 스며들어 몸에 좋지 않은 성분을 먹게 될 수 있다. 특히 전자레인지 온도가 높아질 시 화재로도 이어질 수 있기 때문에 조심해야 한다.

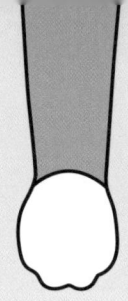

3. 채소류

채소는 열에 쉽게 숨이 죽는 식품 중 하나이다. 전자레인지에 채소를 넣고 돌리면 영양소가 쉽게 파괴되어 몸에 좋은 성분을 잃게 된다.

4. 컵라면

컵라면은 빠른 가열을 위해 물을 넣고 전자레인지에 돌리기도 한다. 하지만 전자레인지용으로 나온 컵라면이 아닌 이상 환경 호르몬을 그대로 먹는 행동이다. 내열성이 낮은 성질을 가지고 있는 폴리스티렌이란 성분이 있는 용기는 쉽게 훼손될 수 있다. 특히 컵라면의 은박지 뚜껑을 반드시 제거해야 한다. 컵라면 뚜껑에서 스파크가 튀거나, 심할 경우 화재가 날 위험이 있다.

8

초간단 냉장고 청소방법 A to Z

냉장고는 사용하면 할수록 냄새가 나기 마련이다.
냉장고는 변기보다 최대 1만 배 더 많은 세균이 검출될 정도로
청소를 통한 위생 관리가 철저하게 필요한 곳이다.
냉장고 청소 전에 전원을 꺼야 하니
냉장고 안의 식재료를 모두 꺼내고 시작하자.

1. 천연세제 만들기

준비물: 물, 소주, 레몬

물:소주:레몬즙을 1:1:1 비율로 준비하여 분무기에 넣고 잘 섞어준다.

2. 냉장고 내부 & 상부 청소하기

음식을 뺀 다음 청소를 할 때는 변질 위험이 있기 때문에 청소 시간은 20~30분 내외가 적당하다. 냉장고 상부를 닦은 뒤 신문지를 깔아서 먼지를 방지하자. 종이는 주기적으로 갈아줘야 한다.

냉장고 선반과 서랍은 꺼내어 베이킹소다 물에 넣어 세척한 후, 완전히 말려 다시 넣어야 세균 번식을 막을 수 있다.

3. 냉장고 패킹 청소하기

준비물: 락스, 분무기, 행주, 장갑

분무기로 락스 희석액(물 3: 락스 1)을 살짝 분사한 뒤 마른 행주로 잘 닦아주자. 락스가 피부에 직접 닿지 않도록 꼭 장갑을 착용하자.

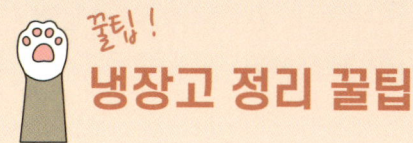

냉장고 정리 꿀팁

✓ 청소를 마친 후 음식을 정리할 때는 냉장고 전체 공간의 60~70%만 정도만 채우는 것이 좋다.

✓ 유통기한이 오래된 음식물을 바로 폐기하고, 식재료 종류에 따라 구분해서 보관해야 한다.

✓ 고추장, 된장 등 무거운 장 종류는 냉장고 아래 칸 안쪽에 보관한다.

✓ 유통기한이 짧은 제품 또는 자주 먹는 음식은 가장 손이 닿기 쉬운 칸에 보관한다.

✓ 문칸은 문을 여닫을 때마다 온도 변화가 크기 때문에 온도에 덜 민감한 각종 소스/조미료와 음료를 둔다.

✓ 음식물을 신선하게 보관하고 냉장고에 음식물 냄새가 배는 것을 방지하기 위해 비닐팩보다는 밀폐용기를 사용하는 것이 좋다.

✓ 음식물을 냉장고에 흘릴 경우, 딱딱하게 굳기 전에 즉시 닦아 낸다.

✓ 잼이나 케첩 등 소스류는 냉장고에 넣기 전에 테두리를 닦는다.

9

각종 가전제품 청소하는 방법

가전제품을 주기적으로 청소하고 관리해 주어야 수명이 길어진다.
가전제품마다 청소 방법이 각기 다르기 때문이다.
올바른 청소법을 알아보자.

1. 전기포트 청소하기

전기포트를 그냥 방치하면 물때가 쌓이기 때문에 주기적으로 구연산 한 스푼을 물과 함께 넣고 끓여준다. 단 5분만 투자하면 커피포트를 깨끗하게 세척할 수 있다.

커피포트에 물을 반 이상 채우고 구연산을 1큰술을 넣어준 뒤 끓여준다. 물이 끓으면 바로 물을 버리지 말고 1~2분 정도 기다려주자. 그 다음에 다시 물을 채우고 한 번 더 끓여준다.

혹시나 구연산 잔여물이 남아있을 수 있으니 물로 깨끗하게 씻자. 구연산이 없다면 베이킹소다와 식초를 1:1 비율로 맞춰 넣어준다. 전기포트로 끓인 뒤 물을 버리고 다시 물을 부어 한 번 더 끓여준다. 끓인 후에는 꼭 뚜껑을 열어 완전히 건조한다.

2. 모니터 청소하기

노트북이나 데스크톱 모니터에 손자국이 싫다면 극세사 천에 린스를 묻혀서 살살 닦아준다. 린스에는 코팅 효과가 있어 모니터에서 발생하는 정전기를 감소시켜주는 효과도 있다.

3. 전기밥솥 청소하기

전기밥솥에 물을 반 정도 채운 후 식초를 두 스푼 정도 넣어주고 취사를 1회 돌리면 밥솥 내부까지 청소와 소독이 가능하다. 전기밥솥 통뿐만 아니라 내부 뚜껑과 실리콘 마개도 잊지 말고 청소해야 한다.

4. TV 청소하기

TV 등의 모니터류를 닦을 때 가장 주의해야 할 점은 직접적으로 물이나 알코올, 세정제가 닿는 것을 피해야 한다는 점이다. 틈 사이로 들어가면 고장의 원인이 되기 때문에 헝겊, 마른 수건 등으로 전용 용액을 사용해 가볍게 닦아주자.

청소 이후 손자국이 남는 것을 방지하기 위해서는 린스를 부드러운 천이나 안경닦개에 묻히고 TV를 닦아주면 된다. 로션이나 핸드크림도 효과는 비슷하다.

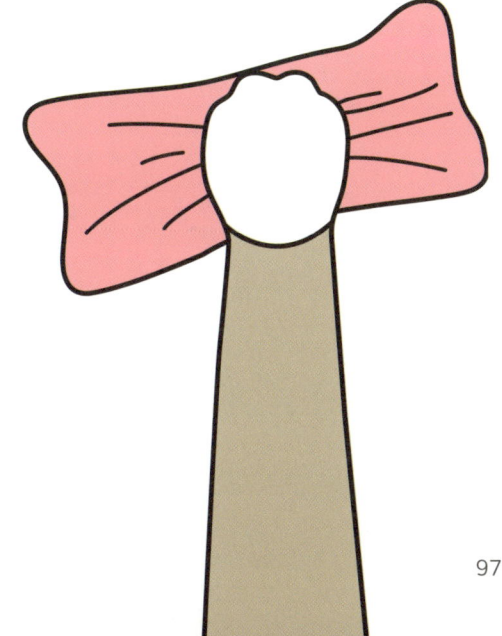

10

'화장실 청소' 락스 사용 시 주의사항 5가지

자취생 필수템으로 손꼽힐 정도로 집안 청소를 하는데 꼭 필요한 락스를 사용할 때는 장갑과 환기를 하는 등 주의할 점이 많다. 락스 속 강한 성분이 인체에 해를 끼칠 수 있기 때문이다. 락스는 주로 베란다나 화장실 등 악취 및 찌든 때를 제거하기 위해 사용한다.

1. 락스와 뜨거운 물을 함께 사용하면 안 돼요!

락스를 뜨거운 물과 함께 사용할 경우, 락스 성분이 분해되면서 염소 가스가 발생할 우려가 높아 숨이 막히거나 어지러운 증상 등을 유발할 수 있다. 염소 가스는 강한 산성으로 단백질을 녹이는 성질이 있어 우리의 피부 혹은 머리카락 등 몸에 닿을 때 굉장히 위험할 수 있다.

되도록이면 뜨거운 물을 사용하는 것보다 냉수, 미온수를 이용하는 것이 좋다.

2. 물에 희석해서 사용하세요.

락스는 찬물에 따라 1:100 정도 비율로 아주 소량으로 희석해서 안전하게 사용하는 것이 올바른 사용법이다.

3. 락스와 세제를 함께 사용하는 것을 피하세요.

락스는 이미 독한 화학물질로 이루어진 용액으로 다른 세제의 화학물질 성분과 결합된다면 또 다른 위험 화학 물질이 생성될 수도 있다.

4. 환기 필수! 마스크를 착용하세요.

락스를 이용할 때 불쾌한 냄새도 차단하고 두통 방지를 위해서 마스크를 착용하는 것도 좋은 방법이다. 또 물과 반응해 배출

되는 가스가 호흡기에 흡수되어 건강상의 위험을 일으킬 수 있기 때문에 사용 시 환기를 해놓는 것도 잊어선 안된다.

5. 고무장갑 착용은 필수예요.

락스는 고농도의 '치아연소산나트륨'이 포함되어 있다. 락스를 맨손으로 사용할 경우, 손의 피부 조직을 손상시키거나 습진 등의 문제를 유발할 수 있어 락스 용액이 맨살에 닿지 않도록 고무장갑을 필수로 착용해야 한다.

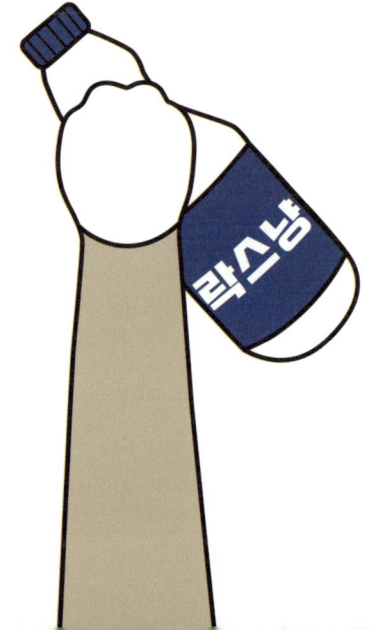

11

뚫어뻥 없이 막힌 변기 시원하게 뚫는 방법

화장실 수압이 약한 자취방에서는
변기가 막히는 일이 종종 벌어지기도 한다.
어쩌다 한 번 쓰는 뚫어뻥을 사기도 아까우니 다른 방법으로
변기를 뚫을 수 있는 방법을 알아보자.

1. 뜨거운 물과 세제 이용하기

뜨거운 물에 주방 세제를 풀어주고 변기에 부은 다음 5분 후 물을 내려준다.

뜨거운 물은 웬만한 수용성 물질을 빠르게 녹게 해 주기 때문에 세제와 휴지 같은 연한 소재를 풀어지게 해준다. 물을 내리고 뜨거운 물을 한 번 더 부어 내려주자.

2. 페트병 이용하기

2L짜리 페트병의 앞부분을 잘라 변기 입구에 대고 눌러주는 걸 반복해 준다. 막힌 부분에 압력이 가해지면서 변기를 뚫어준다.

3. 콜라 이용하기

콜라를 변기에 부어주고 20~30분 후 물을 내려준다. 콜라 속 이산화탄소가 물에 들어가면서 거품을 내고 압력은 더 해준다. 또 콜라는 냄새 탈취 효과도 있어 변기 냄새도 없애준다.

4. 비닐과 테이프 이용하기

비닐봉지로 변기를 덮고 테이프로 공기가 세지 않도록 단단히 변기를 밀봉해 준다. 이때 빈틈이 있으면 안 된다. 변기 물을 내리면서 막은 비닐이 부풀어 오르면 손으로 아래 방향으로 여러 번 눌러 압력을 가한다.

5. 린스와 샴푸 이용하기

샴푸와 린스를 변기 안에 펌핑해주고, 몇 분 뒤에 물을 내려준다. 린스와 샴푸의 미끈거리는 효과로 안에 막힌 부분을 뚫릴 수 있다.

12

치약으로 할 수 있는 모든 것

양치를 할 때 매일 사용하는
치약이 만능 청소 아이템이라는 사실 알고 있나요?

1. 물 때 제거

안 쓰는 칫솔에 치약을 묻힌다. 칫솔을 물 때가 잔뜩 낀 수도꼭지에 비벼준다. 그다음 물로 헹궈내면 물 때가 쉽게 제거된다.

치약을 묻힌 칫솔을 이용해 물 때를 제거하면 광택 효과도 볼 수 있다. 화장실 틈새의 곰팡이는 먹고 남은 콜라를 뿌려두고 2~30분 후 물로 닦아 내면 말끔히 사라진다.

또 거울의 물 때 있는 곳에 치약을 바르고, 10분 정도 방치 후 수건으로 닦아내면 잘 지워지지 않던 물때가 말끔하게 지워진 모습을 볼 수 있다.

2. 껌 떼어내기

옷이나 바닥에 붙은 껌도 치약을 이용하면 쉽게 떼어낼 수 있다. 껌 위에 치약을 골고루 묻히고 몇 분 후 완벽히 마른 치약과 함께 껌을 떼어내면 말끔하게 떨어져 나간다.

3. 변기 냄새

변기 세정제를 이용해도 냄새가 날 때가 있다. 이럴 때는 치약을 따뜻한 물에 살짝 희석시켜 변기 안에 넣어주고 물을 여러 번 내리면서 세척해 주면 된다.

4. 컵의 찌든 때 제거

머그컵을 사용하다 보면 바닥 테두리를 중심으로 찌든 때가 생기기 마련이다. 이럴 때 컵을 씻고 물기를 제거한 후, 마른 수건이나 키친타월에 치약을 조금 묻히고 닦아주면 찌든 때가 제거된다.

13

헷갈리는 재활용품 품목별 올바른 분리수거 방법

혼자 살다 보면 어쩔 수 없이 혼자 해야 하는 분리수거! 종량제 봉투를 사용하지 않거나 분리수거를 하지 않아 적발되면 과태료가 부과될 수 있음을 기억하자.

1. 종이: 종이 이외의 이물질은 모두 제거

✓ **노트:** 코팅된 표지와 스프링을 제거한 후 내지만 따로 모아 배출한다.

✓ **종이컵, 종이팩:** 내용물을 비우고 물로 헹군 후 따로 모아 배출한다.

✓ **종이박스:** 택배 상자의 경우 송장 스티커, 테이프를 제거해서 분리수거한다. 개인 정보가 적힌 종이는 떼어내기 쉽게 스티커로 돼 있어 손으로 뜯어내면 된다. 일반 종이류에 버리는 것

보다 종량제 봉투에 넣는 것이 좋은 방법인데, 이때 개인 정보가 적힌 부분은 마커로 칠하거나 얇게 잘라 버리는 것이 좋다.

✓ **종이류 배출 불가 품목:** 영수증, 코팅지, 음식물 등 오염물질이 묻은 종이 등이 있다.

2. 캔: 비우고 헹구기 → 밟아서 부피 줄이기

✓ **철캔/알루미늄 캔:** 내용물을 비우고 재질이 다른 뚜껑이나 부착물은 분리해서 배출한다.

✓ **부탄가스/살충제:** 내용물은 비우고 구멍을 뚫어 가스를 뺀 후 배출해야 한다.

3. 유리병: 병뚜껑 제거 → 내용물 비우기

✓ 깨진 유리나 백열등은 재활용되지 않기 때문에 신문지나 종이 등에 감싸 일반 쓰레기로 버린다. 폐형광등의 경우 따로 마련된 수거함에 버린다.

✓ 빈 용기는 대형마트, 편의점, 슈퍼마켓에서 보증금을 받고 반환할 수도 있다.

✓ 접시·도자기류·항아리·거울 등은 재활용할 수 없기 때문에 일반 종량제 봉투에 버려야 한다.

4. 스티로폼: 테이프, 라벨, 이물질 등을 모두 제거

✓ 스티로폼은 전체가 흰 색인 것만 배출이 가능하다.

✓ 컵라면 용기, 과일 포장재, 각종 일회 용기 스티로폼처럼 코팅이 되거나 색이 있는 경우 재활용이 안되기 때문에 종량제 봉투에 버려야 한다.

✓ 양념이 묻은 경우 씻어서 배출하고 양념이 안 씻긴 경우, 일반 쓰레기로 배출한다.

5. 먹다 남은 약

√ 폐의약품은 약과 포장을 서로 분리한 후 가까운 약국이나 폐의약품 회수통에 버려야 한다. 화장실 변기나 싱크대에 버리면 하천, 토양 등 환경오염을 일으킨다.

6. 아이스팩

√ 아이스팩을 잘라 내용물을 싱크대나 변기에 버리는 경우가 있을 수도 있는데 아이스팩은 재활용이 어려운 폐기물로 '쓰레기 종량제 봉투'에 버리는 것이 올바른 방법이다.

아이스팩의 비닐은 강도가 높고 단단하기 때문에 터지거나 찢어진 것이 아니라면 냉동 보관해 재사용이 가능하다. 재사용 또한 아이스팩으로 인한 오염을 줄일 수 있는 방법 중 하나이다.

음식물 쓰레기, 일반 쓰레기 구별법 완전 정리

간단한 것 같지만 막상 버릴 때는 헷갈리는 음식물 쓰레기와 일반 쓰레기, 쉽게 구분할 수 있는 방법은 없을까?

1. 딱딱한 것들은 일반 쓰레기
- ✓ 밤, 호두, 땅콩 등 딱딱한 견과류의 껍질
- ✓ 게 껍질, 소라, 조개 등 어패류 껍데기와 생선가시
- ✓ 소고기, 돼지고기, 닭고기, 족발에서 나온 뼈
- ✓ 복숭아와 감 등 딱딱한 씨앗

2. 재활용이 어려운 찌꺼기
- ✓ 녹차 찌꺼기, 한약재, 커피 찌꺼기
- ✓ 미나리, 파뿌리, 마늘대 등
- ✓ 계란 껍데기

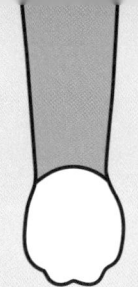

3. 과일 구분
- ✓ 음식물 쓰레기: 바나나, 오렌지, 귤, 사과 껍질 등 부드럽고 발효와 분해가 쉬운 식재료와 수박, 멜론, 망고 등 부피가 크고 껍질이 단단한 과일은 작게 잘라 배출
- ✓ 일반 쓰레기: 콩, 양파, 마늘, 옥수수, 파인애플 껍질 등 식물성 껍질

4. 가장 쉽게 구분하는 방법

동물이 먹을 수 있으면 → 음식물 쓰레기

동물이 먹을 수 없으면 → 일반 쓰레기

꿀팁! 위험한 쓰레기 배출 방법

우리가 무심코 버린 쓰레기에 환경미화원분들이 다칠 수도 있다는 사실을 알고 계시나요? 그냥 버리면 정말 위험한 쓰레기를 무심코 버리면 화재나 폭발 등의 사고가 일어날 수도 있어요.

1. 라이터 버리는 법

라이터를 버릴 때는 손이 데이지 않도록 주의해야 한다. 깨트려서 버리게 될 경우 그 과정의 충격으로 불이 붙을 수 있으니 절대 해선 안 된다.

- ✓ 불이 켜지는 라이터의 화력을 최대로 올린다.
- ✓ 불을 켜자마자 입으로 바람을 불어 불을 끄고 불이 꺼진 채로 가스만 새어 나오게 둔다.
- ✓ 가스가 다 빠졌다면 마지막으로 불이 나오는지 확인 후 버린다.

2. 스프레이, 부탄가스 버리는 법

가스를 방출할 때는 환기가 잘 되는 곳에서 해야 하며, 주변에 불이 붙을 만한 요소는 없는지 꼭 확인해야 한다.

- ✓ 밑에 가라앉은 가스 및 잔여물이 잘 빠져나올 수 있도록 거꾸로 세워 둔다.
- ✓ 노즐을 눌러 가스를 모두 제거한다.
- ✓ 못, 망치, 드릴, 전용 안전 펜치 등으로 가스 캔에 구멍을 뚫은 후 버린다.

3. 보조배터리 버리는 법

보조배터리는 겉 부분이 플라스틱이거나 쇠로 된 경우가 많아 분리수거함에 버리는 경우가 많은데 그렇게 버리면 위험하다. 보조배터리는 건전지와 마찬가지로 폐건전지 수거함에 버려야 한다.

4. 날카로운 물건 버리는 법

깨진 유리, 칼, 바늘 등 뾰족한 것들을 버릴 때는 신문지나 두꺼운 박스 등을 이용하여 안전하게 감싸고 테이프로 말아준 뒤 종량제 봉투에 배출한다. 버릴 칼의 양이 많을 경우에는 PP 마대(불연성 쓰레기 전용 봉투)에 담아서 배출을 해야 한다. 날카로운 물건을 전부 안전하게 포장한 후에는 쓰레기봉투 겉면에 '날카로운 물건이 있으니 조심해 주세요.' 등의 문구를 부착하여 환경미화원이 사전에 안전을 지킬 수 있도록 한다.

14

설거지할 때 주의해야 할 싱크대에 버리면 안 되는 것들

싱크대에 무심코 버려온 음식들!
그중에 버리면 안 되는 것들도 있었다.
오늘은 설거지를 할 때 주의해야 할
싱크대에 버리면 안 되는 음식들을 모았다.
환경도 살리고 내 자취방 배수관도 살리는 꿀팁을 알아보자.

1. 기름 (식용유, 육류의 기름)

찬물을 만나면 굳어버리기 때문에 싱크대에 버리면 큰일 난다. 기름을 버리는 방법에는 두 가지가 있는데, 첫 번째 방법은 기름을 넓은 용기에 담아 냉장고에 넣어 굳힌 후, 일반 쓰레기에 버리는 방법이다.

또 다른 방법으로는 신문 또는 헌 옷에 기름을 흡수시켜서 우유팩에 담아 일반 쓰레기에 버리는 방법도 있다.

2. 면류 (파스타면, 라면 등)

면류는 싱크대에 버리면 물에 불어서 배수구를 막히게 하는 원인이 될 수 있다. 자잘한 것들까지 골라낼 수는 없겠지만 양이 많을 경우 음식물 쓰레기에 담아 버려 주면 된다.

3. 고춧가루

김치 등에 붙은 고춧가루를 일일이 분리할 수는 없지만 한꺼번에 싱크대에 버리면 막히게 된다. 또 고춧가루를 음식물 쓰레기로 버리는 경우도 많은데, 고춧가루는 음식물이 아닌 '일반 쓰레기' 라는 것을 꼭 잊지 말자.

4. 의약품 (알약, 가루약 등)

의약품을 싱크대에 버릴 경우 환경에 악영향을 미친다. 약들을 일반 쓰레기나 음식물 쓰레기에 버리면 안 된다. 가까운 약국에 반납하면 간편하게 버릴 수 있다.

5. 밀가루 (튀김가루, 감자전분 등)

밀가루가 배수관에서 물과 만나면 반죽이 되어 붙기 때문에 배수관이 막히게 된다. 밀가루는 일반 쓰레기가 아닌 음식물 쓰레기이다. 담겼던 비닐봉지는 분리수거하고 내용물만 따로 담아 버리자.

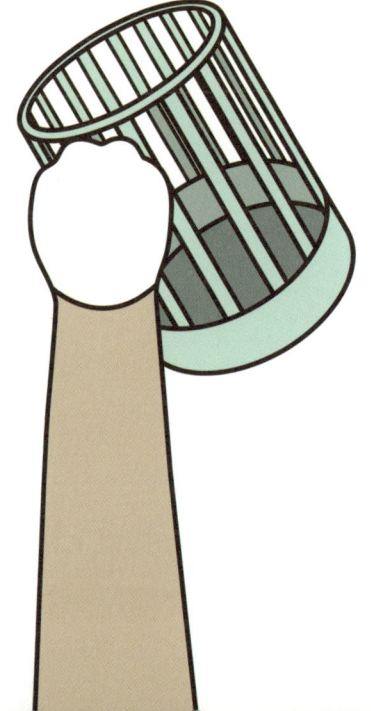

15

음식물 쓰레기 어떻게 관리해야 할까?

한 끼 먹고 나면 남은 음식물 쓰레기 어떻게 보관하는가?
음식이 남을 때마다 버리긴 귀찮아서
한 번에 모아 버리는 경우가 많다.
냄새로 도배가 되지 않으려면 음식물 쓰레기 관리는 필수이다.

음식물 쓰레기를 보관하다 보면 식품의 수분이 흘러내려 물기가 발생할 수 있기 때문에 물기를 따로 빼낼 수 있는 통이나 배수구와 가까이 있는 싱크대 안에 보관하는 것이 좋다.

물은 최대한 싱크대에 버리도록 하자. 음식물 쓰레기에 국물이나 물이 들어가면 부패가 더 심해지고, 악취를 일으킬 수 있다. 음식물 쓰레기를 보관할 때는 최대한 건조한 상태로 있도록 주의하자.

만약 음식물 전용 쓰레기통이 있다면 공기가 잘 통하고 그늘진 곳에 놓고 음식물을 처리하자.

음식물 쓰레기통을 보관할 때 냄새가 안 나게 하려면 음식물 쓰레기 안에 에센스 오일 혹은 녹차 티백을 넣어준다. 탈취 성분이 음식물 쓰레기의 악취를 줄여준다. 그 외에 소주를 살짝 넣거나 커피 가루를 넣어 냄새를 진정시킬 수 있다.

냄새가 나지 않게 하기 위해서 음식물 쓰레기를 냉동고 혹은 냉장고에 보관하는 것이 유행일 때가 있었다. 하지만 음식물 쓰레기에서 나오는 부패된 향이 다른 음식물을 쉽게 상하게 할 수 있기 때문에 지양하는 편이 좋다.

16

쉽게 더러워지는
유리창, 거울 청소 방법

자취를 시작하게 되면 힘든 점 중 하나가 바로 '청소'이다.
그중에서도 냄새와 물 때로 고생하게 되는 곳이
바로 '화장실'이다. 화장실 청소는 위생을 위해서라도
주기적으로 꼭 관리를 해주어야 한다.
화장실이 깔끔해 보이려면 가장 먼저 보이는 거울이 중요하다.

1. 천연세제 식초 이용하기

식초의 신맛을 내는 '초산'은 미생물 억제와 기름기와 단백질 분해에 효과적이다. 산 성분이 유리창에 흡착되어 있는 먼지를 쉽게 제거해 주고 거울에 묻은 오염 물질들을 깨끗하게 지울 수 있다.

먼저 식초와 물을 1:1 비율로 섞어 희석된 식초물을 분무기에 넣는다. 신문지 한 장을 거울에 대고 분무기로 뿌려서 닦아주면 된다.

2. 린스로 닦기

린스는 머리를 헹구거나 부드러운 광택의 모발을 만들기 위해 사용하는 세제이다. 린스의 코팅 성분이 막을 형성하기 때문에 거울 청소에 효과적이다. 거울에 묻어있는 물 때뿐만 아니라 손자국까지 말끔하게 지울 수 있다. 더불어 화장실을 이용할 때도 때나 습기가 잘 차지 않는다.

적당량의 린스를 덜어 수건에 비벼주고 수건으로 거울을 닦은 다음 물로 닦으면 된다.

3. 신문으로 닦기

얇은 신문을 구겨 유리를 닦아준다. 신문지의 얇은 종이가 정전기의 원리로 유리에 붙은 먼지를 쉽게 제거해주고 얼룩도 지울 수 있다.

4. 소주로 닦기

소주와 물을 1:1 비율로 섞고 분무기에 넣어 유리창에 분사 시킨 후 닦아준다. 소주의 알코올에 들어있는 소독 성분은 유리에 묻은 이물질과 균을 제거하는데 효과가 있다.

부록!
분리수거 O, X 퀴즈

1. 다 쓴 페트병 재사용하면 된다. (   )

2. 다 쓴 샴푸통은 재사용하는 것이 좋다. (   )

3. 복숭아, 감 같은 과일의 씨앗은 일반 쓰레기다. (   )

4. 콩, 양파, 마늘, 옥수수 등 식물성 껍질은 음식물 쓰레기이다. (   )

5. 형광등은 재활용이 되고 백열등은 재활용이 되지 않는다. (   )

6. 아이스팩 내용물은 변기에 버리면 된다. (   )

7. 페트병에 있는 뚜껑은 따로 분리배출을 해야 한다. (   )

8. 플라스틱에 음식물이 묻어 있을 경우 씻어서 버려야 한다. (   )

분리수거 O, X 퀴즈 정답 및 해설

1. X

페트병에 입을 대고 한 모금 마시면 원래는 1ml당 1마리였던 세균이 900마리로 증가한다.
하루가 지나면 1ml당 4만 마리까지 급증한다. 여러 물질이 혼합되어 세균이 증식하기 좋은 환경이 만들어지기 때문이다. 페트병을 버리기 아까워서 재사용을 하면 건강에 좋지 않다.

2. X

샴푸 같은 펌프용기는 전부 다 사용해도 밑에 내용물이 남아있는 경우가 많은데 여기에 물을 담아 헹궈서 다시 사용하거나 리필 내용물을 구매해서 통에 채워 넣는 경우가 있다.
다 쓴 샴푸통 안에는 '녹농균'이라는 세균이 자랄 확률이 높기 때문에 물을 부어 재사용하게 되면 세균 감염의 우려가 있어서 건강에 좋지 않다. 다 쓴 샴푸는 과감하게 버려주자.

3. O

딱딱한 것들은 일반 쓰레기이라고 생각하자. 복숭아와 감 등의 딱딱한 씨앗은 모두 일반 쓰레기이다.

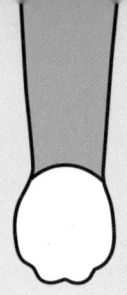

4. X
식물성 껍질 등은 동물의 사료로 쓰기 부적절하므로 일반 쓰레기이다. 동물이 먹을 수 없다면 일반 쓰레기라고 생각하자.

5. O
형광등은 유리하고 생각할 수도 있지만 재활용이 가능하기 때문에 폐형광등 수거함에 버린다. 반면 백열등은 재활용이 불가하기 때문에 일반 쓰레기로 분류한다. 단, 형광등이 깨졌을 경우 신문지나 종이로 잘 감아 종량제 봉투에 버려야 한다.

6. X
고흡수성 폴리머로 되어있는 아이스팩은 물에 잘 녹지 않기 때문에 수질 오염 문제를 일으킬 수 있다. 재활용이 되지 않기 때문에 쓰레기 종량제 봉투에 버린다. 다만, 친환경 아이스팩일 경우 내용물이 '물'이기 때문에 싱크대나 변기에 버리는 것이 가능하다.

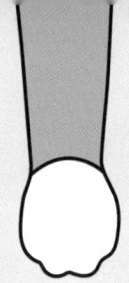

7. X

페트병과 뚜껑의 소재는 다르기 때문에 따로 분리배출해야 한다고 아는 사람들도 있지만 페트병의 뚜껑은 너무 작기 때문에 따로 버리게 되면 오히려 수거와 재활용이 더 어렵게 된다. 페트병은 반드시 발로 밟아서 압축하여 공기를 뺀 상태에서 뚜껑을 닫아 배출하는 것이 좋다.

8. O

음식물이 묻은 플라스틱은 분리수거가 되지 않는다. 오염된 플라스틱은 선별 작업장의 다른 재활용 가능한 쓰레기까지 오염시키기 때문에 꼭 남은 음식물은 물에 씻어서 배출하는 것이 좋다.

3장,
프로 자취러

자취 고수가 되기 위한 레벨 업 꿀팁

1. '나 혼자 알긴 아깝다' 알아두면 쓸모 있는 사이트

2. 자취 레벨별 필수템 체크리스트

3. 자취 용품 교체주기

4. 음식 더 오래 보관하는 방법

5. 자취 생존 필수팁: 상한 음식 구별하는 법

6. 플라스틱 밀폐용기 냄새 제거하는 7가지 방법

7. 세제 사용 기한과 올바르게 버리는 방법

8. 유통기한보다는 소비기한이 중요

9. 단계별 벌레 퇴치 방법

10. 음식 배달앱 잘 사용하는 방법

11. 1인가구가 무료로 누릴 수 있는 정부 혜택

12. 자취방 겨울나기 필수 체크사항

1

'나 혼자 알긴 아깝다' 알아두면 쓸모 있는 사이트

1. 공과금 조회

✓ 서울시 상수도사업본부 '아리수' (arisu.seoul.go.kr)

✓ 부산광역시 상수도사업본부 (www.busan.go.kr/water/index)

✓ 대구광역시 상수도사업본부 (www.dgwater.go.kr)
수도세 조회, 계산, 인터넷 요금 납부까지 할 수 있는 사이트

✓ 한국전력공사 사이버지점 (cyber.kepco.co.kr)
전기세 조회, 계산, 인터넷 요금 납부까지 할 수 있는 사이트

2. 공휴일·응급 의료 정보 조회

✓ **응급의료포털 E-Gen** (www.e-gen.or.kr)

우리동네 응급실과 병원, 약국을 찾을 수 있는 서비스. 급할 때 응급실을 찾을 수 있고 응급 시 대처요령을 알 수 있다.

✓ **휴일지킴이약국**(www.pharm114.or.kr)

휴일에 영업하는 가까운 약국 찾기

3. 민원서비스

✓ **정부24** (www.gov.kr)

이사 후 번거로운 주소이전부터 주민등록등본 발급까지 인터넷으로 할 수 있는 사이트

✓ **대법원 인터넷 등기소** (www.iros.go.kr)

이사 후 확정일자 발급과 이사할 집의 부동산 등기부등본을 볼 수 있는 사이트

4. 실생활 유용 서비스

✓ **참가격** (www.price.go.kr)

대형마트나 편의점 등 유통업체마다 생필품 품목별 가격 정보와 할인정보를 알 수 있는 사이트

✓ **행복드림** (consumer.go.kr)

리콜정보나 제품 품목별 비교 정보, 소비자 피해 상담 및 분쟁 사례를 볼 수 있는 사이트

5. 법률 및 주거지원 조회

✓ **찾기 쉬운 생활 법령 정보** (www.easylaw.go.kr)

가정 법률, 근로/노동, 부동산, 금융까지 각종 생활 관련 필요 법령들을 쉽게 설명하고 있어 필요할 때 검색해보면 도움을 받을 수 있는 사이트

✓ **마이홈** (www.myhome.go.kr)

주거급여, 공공분양 주택 등 주거와 관련한 정보를 모아 볼 수 있는 사이트. 자가진단 서비스를 이용하면 본인 여건에 맞춰 지원 받을 수 있는 주거 복지를 추천해준다.

6. 건강 관련 정보

✓ **국가건강정보 포털** (health.kdca.go.kr)

주병 병원, 약국 위치 확인을 할 수 있고 생활 속 흔히 발생하는 증장에 대한 정보를 제공하는 사이트

✓ **에어코리아** (www.airkorea.or.kr)

미세먼지 등 전국 대기오염물질 농도, 대기질 예보, 미세먼지 경보, 황사 특보 등의 정보를 실시간으로 제공하는 사이트

✓ **국민건강 알람서비스** (forecast.nhis.or.kr)

소셜미디어(SNS) 정보를 통합해 유행성 질환, 만성질환 등 주요 질병 위험도를 지역별로 알려주는 사이트

✓ **식품안전나라** (www.foodsafetykorea.go.kr)

안정하고 건강한 음식을 먹을 수 있도록 도움이 되는 정보를 제공하는 식품 안정정보 사이트

2

자취 레벨별 필수템 체크리스트

Level 1 자취 초보 필수템

당장 생활에 꼭 필요한 아이템부터 챙기도록 하자!

주방 아이템

- ☐ 숟가락/젓가락
- ☐ 컵
- ☐ 작은 냄비/큰 냄비
- ☐ 밥/국그릇/접시
- ☐ 칼/도마
- ☐ 고무장갑
- ☐ 프라이팬/뒤집개
- ☐ 가위
- ☐ 수세미/주방세제
- ☐ 행주
- ☐ 위생백
- ☐ 냄비받침
- ☐ 케첩/마요네즈
- ☐ 식용유
- ☐ 전자레인지 이용 (가능한 밀폐용기)

화장실 아이템

- ☐ 샴푸 / 린스
- ☐ 칫솔 / 치약
- ☐ 세안용품
- ☐ 비누
- ☐ 욕실 슬리퍼
- ☐ 칫솔걸이
- ☐ 바디워시 / 거품망
- ☐ 두루마리 휴지
- ☐ 수건
- ☐ 변기솔

세탁 아이템

- ☐ 세탁세제
- ☐ 섬유유연제
- ☐ 빨래건조대 (빨래줄)
- ☐ 옷걸이
- ☐ 세탁망

일상 아이템

- ☐ 쓰레기통
- ☐ 종량제 봉투
- ☐ 물티슈
- ☐ 헤어드라이기
- ☐ 멀티탭
- ☐ 의자
- ☐ 옷장 or 행거
- ☐ 상비약
- ☐ 침구류
- ☐ 우산
- ☐ 화장품 및 소도구

Level 2 자취 적응기 필수템

어느 정도 자취생활에 적응을 했다면 없어서 아쉬웠던 아이템을 보자!

주방 아이템

- ☐ 랩/포일
- ☐ 지퍼백
- ☐ 식초
- ☐ 주방용품 걸이
- ☐ 키친타월
- ☐ 위생장갑
- ☐ 냉장고 탈취제
- ☐ 긴 젓가락
- ☐ 집게
- ☐ 기타 조미료
- ☐ 식기건조대
- ☐ 국자
- ☐ 과도
- ☐ 전자레인지

청소 아이템

- ☐ 걸레/밀대
- ☐ 과탄산소다
- ☐ 구연산
- ☐ 베이킹파우더
- ☐ 빨래 바구니
- ☐ 방향제
- ☐ 분리수거함
- ☐ 빗자루

일상 아이템

- ☐ 규조토발매트
- ☐ 수납장
- ☐ 돌돌이
- ☐ 손톱깎이
- ☐ 선풍기
- ☐ 전신 거울
- ☐ 다리미/다리미판
- ☐ 리빙박스
- ☐ 티슈
- ☐ 드라이버
- ☐ 전기장판
- ☐ 커튼
- ☐ 접이식 테이블
- ☐ 줄자

Level 3 프로자취러 아이템

더 나은 자취생활을 위한다면 삶의 질을 올릴 수 있는 아이템을 알아보자!

주방 아이템

- ☐ 에어프라이어
- ☐ 커피포트
- ☐ 찌든 때 클리너
- ☐ 볶음스푼

청소 아이템

- ☐ 변기 클리너
- ☐ 다용도 걸이
- ☐ 청소기
- ☐ 하수구 덮개
- ☐ 세탁조 클리너

삶의 질 아이템

- ☐ 크기별 수납함
- ☐ 폰 거치대
- ☐ 디퓨저
- ☐ 공기정화 식물
- ☐ 크롬캐스트
- ☐ 가습기
- ☐ 블루투스 스피커
- ☐ 치약 짜개
- ☐ 제습기
- ☐ 조명/무드등
- ☐ 스팀다리미
- ☐ 캔들

3

자취 용품 교체주기

자취를 하다 보면 많은 용품들을 사용하게 된다.
수건은 거칠어질 때까지, 학생 때부터 사용한 애착 베개는
구멍이 나서 떨어질 때까지 영원히 함께 하기도 한다.
하지만 물건에는 사용 기한이라는 것이 있다.

1. 베개

베개는 1년에서 최대 2년까지 사용 후 교체하는 것이 좋다. 특히 솜으로 뭉쳐있는 베개는 세균, 진드기가 살기 좋은 환경이라 자주 털어주고 커버도 자주 세탁해 주는 것이 중요하다.

2. 수건

최소 1년에 한 번씩 교체해 준다. 수건이 얇아지고 색이 바래고 뻣뻣해졌다면 흡수성도 떨어지기 때문에 교체해 주시는 것이 좋다. 특히 화장실에서 주로 사용하는 수건의 특성상 균이 서식하기 좋은 환경이다. 수건을 빨 때 향긋한 냄새를 위해 섬유유연제를 많이 넣으면 오히려 더 빨리 거칠어질 수 있다고 하니 주의하자.

3. 목욕 타월

목욕할 때 쓰는 타월도 올이 다 풀릴 때까지 사용하지 말고 최대 3개월의 주기로 교체하는 것이 좋다. 몸에서 떨어진 각질이 쌓이기 때문에 자주 교체해야 한다.

4. 고무장갑

고무장갑 역시 구멍이 생기기 전까지는 오래오래 사용하는 아이템 중 하나이다. 고무장갑은 내부에 습기로 인해 세균 번식의 우려가 있기 때문에 1달 주기로 교체해야 한다.

5. 수세미

언제까지 사용해야 할지 감이 안 오는 수세미도 음식물을 직접적으로 닦고 물에 젖어 있다 보니 오래 사용할 제품은 아니다.

의외로 수세미 사용 기한은 1달 정도로 진짜 짧다. 사용 후 건조시켜 보관하고 자주 교체해 주자.

6. 도마

칼자국이 많이 남았다면 벌어진 틈 사이로 세균이 번식할 수 있기 때문에 바로 교체해 준다. 일반적으로는 1년에 한 번씩 교체하는 것이 좋다.

나무 도마는 소금, 식초, 물을 1:1:1로 섞어 부어둔 다음 1시간 후 물로 씻어준다. 이때 사포로 문질러서 칼자국을 지워주면 수명을 연장할 수 있다.

플라스틱으로 된 도마도 칼자국으로 인한 틈에 있는 이물질을 제거하기 위해 굵은소금을 문질러 주고 햇빛 소독해 주면 더 오래 쓸 수 있다.

7. 프라이팬

프라이팬을 사용할 때 쇠숟가락으로 바닥을 박박 긁으면 코팅이 쉽게 벗겨지기 때문에 더 오래 사용하고 싶다면 멈춰라. 코팅이 벗겨졌다면 수명이 끝난 거다. 중금속 성분을 먹을 수도 있으니 미련을 버리자.

기본적으로 2~3년에 한 번씩 교체하는 것을 권장한다.

코팅이 벗겨진 것이 아니라 그을음이 생긴 부분을 지우는 데는 수세미로 문지르는 것보다 사과 껍질을 프라이팬에 넣고 물을 담아 센 불에 끓여준 다음, 물을 빼고 다시 사과 껍질로 바닥을 문질러 주면 지워진다.

8. 멀티탭

한국전기안전공사에서 추천하는 멀티탭의 교체 주기는 2년이라고 한다. 관리할 때도 먼지가 쌓이지 않게 붓이나 마른 헝겊으로 털어주자. 돼지코 안쪽에 먼지가 쌓여있는 것은 화재의 위험이 될 수 있기 때문이다. 멀티탭을 청소해야 한다는 사실을 몰랐다면 지금 당장 먼지를 제거하자.

4

음식 더 오래 보관하는 방법

자취를 하다 보면 조금 더 저렴한 가격으로 사기 위해 대량으로
구입하거나, 한 끼에 다 소화를 못한 음식이 생기기 마련이다.
이럴 때 곰팡이라도 생겨 버려야 한다면, 정말 아깝다.
음식 오래 보관하는 방법을 알게 되면 절약도 할 수 있고
프로자취러로 레벨업도 가능하다.
남은 음식은 냉장고에 넣으면 된다는 생각도
모두 맞진 않으니 잘 참고하자.

1. 과일

레몬: 껍질을 벗기지 않고 깨끗이 씻어 밀폐용기에 보관

오렌지: 냉장고에 넣어 보관하고 오래 보관할 경우 랩으로 싸서 보관

포도: 종이나 신문지에 싼 채로 한 송이씩 비닐봉지에 넣어 냉장고 야채실이나 과일실에 보관

수박: 랩으로 싸서 둘 경우 세균이 증가함. 남은 부분은 깍둑썰기를 해서 밀폐용기에 담아 보관

사과: 사과는 신문이나 랩으로 개별 포장해서 냉장고에 보관. 주변에 야채나 다른 과일을 함께 두지 않는 것이 좋음

딸기: 위에 있는 꼭지를 절대 떼지 않고 보관하고 딸기 안의 수분이 날아가지 않게 밀폐용기 안에 넣어 보관하면 신선도가 오래 유지됨

배: 배는 실온에 오래 방치해 둘 경우 무처럼 물러짐. 신문지로 개별 포장해 냉장 보관하는 것이 가장 좋은 방법

감: 물에 헹구지 않고, 신문으로 감싸서 냉장고에 보관. 홍시를 만들고 싶다면 감의 꼭지를 아래로 향하게 하고 10일 정도 냉장고에 넣어주면 됨

귤: 귤은 서로 오래 닿아 있으면 쉽게 물러지는 특징이 있음. 개별로 싸 두면 오래 보관 가능

바나나: 바나나는 '상온'에서 보관하는 과일. 줄기 부분을 랩이나 포일을 감싸고 산소가 들어가는 것을 막으면 갈변현상을 미룰 수 있음

2. 먹다 남은 떡

아침 대용으로 떡을 대량으로 사두고 냉동실에 저장해놓고 먹는 경우가 꽤 있다.

떡은 실온에 두면 주성분인 전분의 '노화현상' 때문에 산소와 만난 떡 속 전분의 수분이 빠지게 되고, 조직 구조가 변하면서 딱딱하게 굳게 된다.

남은 떡은 영하 18도 이하의 냉동실에 1회 먹을 만큼 개별 포장해서 보관해야 한다. 이때 주의할 점은 제대로 밀봉을 하지 않으면 떡이 주변 냄새를 흡수해서 냉동실 맛이 날 수도 있으니 꼭 밀봉하자.

제대로 밀봉했을 경우 2달 정도를 유통기한으로 본다. 수분 문제가 발생하기 때문에 적어도 6개월 이내는 다 먹어주는 것이 좋다.

3. 남은 두부

다이어트를 하거나 건강을 챙기는 자취러들은 두부 요리에 관심이 많다. 하지만 두부 한 모를 샀을 때 다 먹지 못하고 남는 경우가 생긴다. 남은 두부를 보관할 때, 더 오래 보관을 하려면 어떻게 해야 할까?

두부를 사면 충전수(두붓물)도 함께 오게 된다. 몸에 해로운 것은 아니지만 깔끔한 맛을 위해 충전수는 버리는 것이 좋다.

충전수를 버리고 쓰다 남은 두부는 두부가 잠길 정도로 물을 부어서 보관하면 된다. 이때 물은 뜨거운 물이 아니라 식힌 물을 사용하자.

이후 두부는 물에 살짝 헹궈서 사용하면 된다.

만약 두부를 데쳤다면 식힌 다음 차가운 물이 담긴 밀폐용기에 넣고, 하루에 한 번씩 깨끗한 물로 갈아주면서 보관하면 된다.

4. 달걀 한 판

자취에서 빠질 수 없는 식재료가 달걀이다. 달걀은 한 알씩 사지 않고 주로 한 판씩 구매해서 두고 먹게 된다. 달걀도 오래 보관할 수 있는 꿀팁이 있다.

달걀의 뾰족한 부분이 아래로 둥근 부분이 위로 가게 하면 오래 보관할 수 있다. 또 냉장고 안쪽에는 찬바람이 더 강하게 불기 때문에 달걀의 신선한 보관을 위해서 안쪽 깊이 놓는 것이 좋다.

달걀을 냉장고에 보관할 때는 냄새가 진한 음식들을 주변에 두면 냄새를 흡수할 수 있기 때문에 주의해야 한다.

달걀 껍데기에 있는 이물질을 제거하기 위해서 물에 씻는 경우도 있는데 달걀을 씻게 되면 보관 기간이 짧아지고 쉽게 상할 수 있으니, 찝찝하다면 최대한 먹기 직전에 씻는 게 좋다.

달걀 껍데기를 보면 일련번호가 있다. 맨 앞 4개의 숫자는 달걀의 '산란일자'를 나타내는데 달걀의 유통기한은 냉장보관했을 때 산란일 기준으로 1개월 정도이다.

5. 각종 조미료

간장: 의외로 실온이 아닌 냉장보관해야 하는 조미료

고추장: 고추장 용기 위에 마른 김 한 장을 덮어주면 곰팡이가 피지 않음. 온도 변화가 크지 않은 그늘진 곳, 냉장보관

케첩: 상온에 둬도 되지만 냉장보관 시 더 오래 보관 가능

고춧가루: 습기에 약하기 때문에 비닐봉지에 담은 후 밀폐용기로 한 번 더 밀봉해 줌. 가루류는 냉장보관 보다 냉동보관이 적합

들기름: 일반 식용유나 참기름과 다르게 냉장 보관해야 함. 실온 보관하면 변질되어 악취 발생할 수 있음

다시다: 실온보관할 경우 뭉침 현상이 발생할 수 있기 때문에 밀폐용기에 담아 냉장보관

마요네즈: 냉장보관 X, 직사광선 피한 서늘한 실온 보관

볶음 깨: 깨는 밀폐용기에 담아 냉장 보관

밀가루: 밀가루, 부침가루, 튀김가루 등 가루 종류는 개봉 전에는 건조하고 서늘한 곳에 보관하고, 개봉 후에는 밀폐용기에 담아 냉동 보관

참기름, 식용유: 참기름, 튀김기름, 식용유, 올리브유 등 들기름을 제외한 기름 종류는 서늘한 곳에 상온 보관

식초: 상할 염려가 거의 없어 서늘한 곳에 실온 보관하면 오래 사용 가능

소금, 설탕: 실온 보관하고 공기가 통하지 않도록 바닥에 키친타월을 깔고 밀폐 용기에 담아 보관

꿀, 시럽: 꿀에는 단맛을 내는 포도당이 들어가 있어 냉장고에 들어갈 경우 포도당이 결정화되어 쉽게 굳어버릴 수 있음. 상온 보관이 적합

6. 쓰고 남은 채소

양상추: 양상추는 심지를 도려내어 보관해야 함. 심지 제거 후 수돗물을 틀어놓은 상태에서 돌려가면서 잎에 물을 채워주고

물기를 털어내주는 작업을 2~3번 반복한 뒤 키친타월을 깔고 랩이나 봉지에 보관. 양상추는 칼이 닿으면 갈변이 되기 때문에 손질 필수

대파: 3일 내에 바로 먹을 경우, 키친타월로 물기를 완전히 제거하고 신문지에 싸서 세워 보관. 오래 두고 먹을 경우, 잘게 잘라서 지퍼백에 보관

양파: 껍질을 벗기지 않은 경우, 신문지 또는 스타킹에 하나씩 싸거나 양파망이 있다면 양파망에 넣어 서늘한 곳에 보관

껍질을 벗긴 경우, 물기를 완전히 제거한 후 랩에 싸서 냉장보관. 물기 제거를 하지 않으면 눅눅해짐

감자, 고구마: 건조하고 서늘한 곳에 보관이 좋지만 여건이 되지 않으면 종이봉투에 담아(또는 신문지) 입구를 살짝 열어둔 채로 냉장보관

마늘: 깐 마늘은 물기를 제거한 뒤 밀폐용기에 키친타월을 깔고 보관. 물기가 생기면 바로 키친타월을 갈아줘야 함

자취러들이 잘 구매하진 않지만 통마늘의 경우, 지퍼백에 넣고 바늘로 구멍을 여러 개를 뚫어 보관

7. 남은 빵

빵을 먹다가 남길 수도 있다. 실온에서 보관할 때 신선도가 떨어지고 곰팡이가 쉽게 생길 수 있다. 그렇다고 냉장보관을 하면 신선도가 떨어지고 곰팡이가 쉽게 생길 수 있다.

이미 딱딱해진 빵은 아무리 전자레인지에 돌려도 말랑말랑한 빵으로 돌아오지 않는다. 더 돌덩이가 될 뿐이다.

빵은 말랑한 상태일 때 냉동 보관을 해야 한다. 냉동실에 보관해 딱딱해진 빵은 실온에 40분~1시간 정도 해동하고 먹는 것을 추천한다.

정말 급하게 먹어야 한다면 냉동된 빵과 물을 담은 그릇을 함께 전자레인지에 돌리면 수분이 날아가서 딱딱해지는 일을 방지할 수 있다.

8. 고기

육류는 보관이 더욱 중요한 식재료 중 하나이다. 돼지고기, 소고기 등 육류는 구입 후 24시간 이내에 먹는 것이 가장 좋다. 대량으로 구매했을 경우, 먹을 만큼만 소분하여 물기를 잘 닦은 뒤 밀봉 후 냉동 보관해야 한다. 랩이나 비닐팩에 담기 전에 고기 표면에 식용유를 발라주면 산화를 지연시켜 더 오래 보관할 수 있다.

보관 후 해동은 냉동 보관된 고기를 실온에 방치해 해동하는 경우가 있다. 이건 절대 안 된다. 자칫하면 식중독이 발생할 수 있다. 냉동 보관한 고기는 냉장고로 옮겨 시간을 두고 해동하는 게 좋다.

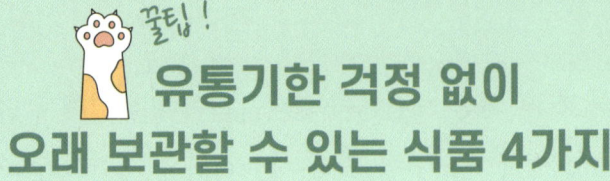

유통기한 걱정 없이
오래 보관할 수 있는 식품 4가지

자취를 하다면서 조금씩만 사용하게 되는 조미료나 한 통에 양이 너무 많은 꿀 같은 식품은 1년이 지나도 다 소비하기가 힘든 경우가 많다. 산 지는 오래됐는데 겉으론 너무 멀쩡하니 버리기 아까워서 이사할 때마다 싸서 들고 다니는 것들이 누구나 있을 것이다.

1. 소금/설탕

대표적으로 유통기한이 없는 식품으로는 소금과 설탕이 있다.
소금과 설탕은 건조하고 통풍이 잘 되는 곳에 뚜껑을 잘 덮어 보관하면 오랫동안 보관이 가능하다. 벌레, 습기를 막아주는 플라스틱 밀폐용기에 넣어 상온에 보관한다. 다만 허브 소금 같은 첨가물이 있는 종류는 유통기한이 따로 있으니 잘 살펴보자.

2. 꿀

첨가물이 섞이지 않고 수분 농도가 20% 이하인 꿀이라면 당 함량이 높아 미생물이 생기기 어려운 환경이기 때문에 오래 보관할 수 있다. 간혹 오래

되면 변색이나 굳어버리는 일도 발생하기도 하는데 먹는 데는 지장이 없으니 중탕으로 따뜻하게 녹여 먹으면 된다. 더불어 꿀을 덜어 사용할 때 쇠숟가락을 사용하면 금속과 반응해서 성분 변화를 일으킬 수도 있기 때문에 나무 숟가락 사용을 추천한다.

3. 백미

쌀도 쌀벌레만 나오지 않으면 유통기한에서 자유롭다. 습기를 제거하면 더욱 수명을 늘릴 수 있어 건조한 곳이나 냉장고 등에 보관하면 된다. 통풍 잘 되는 곳에 놔둬야 냄새가 안 날 것 같다고 생각하는 것은 착각이다. 통풍이 잘되면 벌레가 생긴다. 쌀은 오래 먹을 수 있다고 했는데 이상한 냄새가 난다고 느껴지면 주변 냄새를 쌀이 흡수해서 나는 냄새이니 밀폐용기를 잘 사용해서 냄새를 막아주자. 단, 현미처럼 지방 함량이 높은 쌀은 일반 쌀과 다르게 산패가 되니 주의하자.

4. 양주

양주는 도수가 높아서 개봉 후에도 유통기한이 없다. 시간이 지나면 향이나 알코올이 날아갈 순 있지만 시원하고 어두운 곳에 보관하면 오래도록 즐길 수 있으니 밀봉을 잘하면 된다.

5

자취 생존 필수 팁
'상한 음식 구별하는 법'

자취를 하다 보면 어떤 음식이 상했는지 헷갈릴 때가 있다.
어디 물어볼 곳도 없고,
포털사이트에 검색을 해봐도 애매할 때 어떻게 판단하는가?
상한 줄도 모르고 그냥 먹었다가 배탈이 나는 경우도 종종 있다.
자취생들의 생존 필수팁! 상한 음식 구별하는 법에 대해 알아보자.

1. 생선

생선을 여러 마리 사게 되면 냉동을 하게 되는데 해동 후 탄력이 느껴지지 않고 물렁물렁하다면 상한 것이다. 아가미 아랫부분이 검게 변하거나 껍질 위에 끈적거리는 액이 생기고 악취와 변색이 되면 상한 것이다.

2. 해산물

해산물의 경우에도 처음 샀을 때보다 비린내가 심하게 난다면 상한 것이다. 해산물이니 비린내는 당연한 것이라 합리화하고 먹지 않도록 유의하자. 연어의 경우 상할 때가 되면 색이 어둡거나 하얀 반점을 볼 수 있다.

3. 육류

돼지고기, 소고기 등 고기를 냉동했다가 해동했을 때 표면이 하얗게 변한다면 상했다고 볼 수 있다. 생고기 또한 역겨운 냄새가 나거나 겉표면이 끈적거리면 상한 것이다.

4. 닭고기

조리된 닭고기는 4일이 지났다면 박테리아가 발생하기 때문에 무조건 버리는 것이 좋다. 보관일은 기억이 나지 않지만 시큼한 냄새와 끈적한 액이 생겼다면 상한 것이다.

5. 마늘

마늘은 상하면 표면이 끈적거린다.

6. 감자

초록빛을 띠는 감자는 독성을 가지고 있기 때문에 먹어서는 안 된다. 같은 이유로 싹이 난 감자도 먹으면 안 된다.

만약 싹이 난다면 감자의 싹과 싹눈까지 전부 제거하고 먹어야 한다.

하지만 손질을 잘못하면 독성으로 인한 배탈, 구역질 등의 부작용이 있을 수 있으니 주의하자.

6. 채소

대부분의 채소는 상하면 끝부분이 검게 변한다. 채소를 넣어둔 봉투나 통 안에 물이 고여있으면 상한 것으로 봐야 한다. 곰팡이가 있는 것은 당연히 상한 것이다.

8. 고추

고추는 상하면 표면이 검게 변한다.

9. 식빵

식빵에 곰팡이가 피면 상한 것이다. '곰팡이가 핀 부분만 버리고 먹으면 되지'라는 생각을 버리자. 이미 곰팡이 균이 빵 전체에 퍼졌기 때문에 곰팡이가 피었다면 식빵을 전부 버려야 한다.

10. 우유

우유가 상했는지 냄새로도 가늠할 수 없을 때는 생수를 이용하면 된다. 우유를 생수에 몇 방울 떨어뜨렸을 때 우유 방울이 그대로 가라앉는다면 신선한 우유이다.

우유가 가라앉지 않고 물에 퍼지면 상한 것이다.

11. 달걀

달걀을 소금물에 넣었을 때 가라앉으면 신선한 달걀, 물 위로 둥둥 뜨면 상한 달걀이다.

또한 상한 달걀은 날달걀, 삶거나 구운 달걀 등과 상관없이 껍데기를 까면 냄새가 난다.

12. 통조림

유통기한이 긴 통조림도 캔이 부풀어 오르거나 캔 모양에 변형이 생겼다면 상하거나 변질된 것이니 먹지 않는 것이 좋다.

6

플라스틱 밀폐용기 냄새 제거하는 7가지 방법

자취하면서 꾸준히 이용하게 되는 플라스틱 밀폐용기.
계속 사용하다 보면 온갖 음식 냄새가 섞인 냄새가 나곤 한다.
냄새 때문에 버릴 순 없고 그냥 쓰자니
음식 맛이 변할 것 같은 생각이 든다.
냄새를 없앨 각종 방법들이 있으니 이제 음식 냄새를 굿바이 하자.

1. 베이킹소다 이용하기

물에 베이킹 소다를 1:1 비율로 넣어주고 밀폐용기에 넣는다. 30분 동안 방치해 주면 된다. 베이킹 소다를 이용하는 것은 다른 방법들보다 단기간에 냄새를 제거할 수 있어 가장 보편적으로 쓰이는 방법이다.

2. 설탕 사용하기

설탕:물 = 1:3 비율로 플라스틱 밀폐용기에 절반 정도 채우고 반나절 정도 방치한다. 이때 뚜껑을 덮고 거꾸로 뒤집은 채 놔두면 뚜껑에 밴 냄새도 제거가 된다.

3. 굵은소금 사용하기

플라스틱 밀폐용기에 굵은소금 한 스푼을 물과 함께 넣어 흔든 후 잘 말려주면 냄새가 없어진다.

4. 푸른 잎채소 사용하기

플라스틱 용기에 푸른 잎채소를 잘게 썰어 넣고 하루 정도 있으면 채소가 냄새를 흡수한다.

5. 녹차 티백 사용하기

녹차 티백을 플라스틱 밀폐용기에 넣고 하루 정도 보관하면 티백이 나쁜 냄새를 흡수한다.

6. 쌀뜨물 사용하기

쌀뜨물을 플라스틱 밀폐용기 가득 넣어주고 24시간 이상 방치 후 씻어낸다. 쌀뜨물에는 전분기가 들어가 있어서 냄새 제거에 효과가 있다. 씻은 밀폐용기는 햇빛에 잘 말려서 건조한다.

7. 과일 껍질 사용하기

레몬이나 오렌지, 귤껍질같이 시큼한 과일의 껍질을 사용한다. 껍질 안쪽으로 용기를 문질러 준 후 한 시간 후에 따뜻한 물로 헹구면 된다.

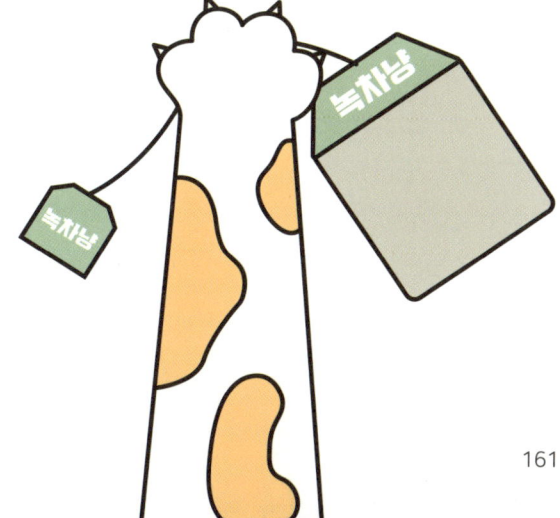

7

세제 사용기한과 올바르게 버리는 방법

세제의 경우 비용 문제 때문에
2~3개를 구매해서 오래 두고 쓰는 경우가 많다.
하지만 세제에도 유통기한과 권장 사용 기한이
있다는 사실을 알고 있는가?

사용 기한이 전부 지난 세제의 경우 세정력이 떨어지게 된다. 이런 사실을 알게 되면 세제를 버려야 하는데 버리는 방법을 모르는 사람도 있다.

세제 유통기한은 제조일로부터 36개월(3년) 정도이다. 개봉한 뒤라면 12개월 내에 사용하는 것을 권장한다.

세제를 살펴보면 정확한 제조일자 및 유통기한이 적혀 있다. 유의해서 사용하고 다 쓰기 힘들다면 중고거래나 주변 이웃들 간의 나눔, 교환 등의 방법도 이용해보자.

세제를 그냥 배수구에 버린다면?

만약 세제가 유통기한이 지나 버리는 경우가 생기면 그냥 물에 흘려버려서는 안 된다. 세제도 액체니까 배수구에 버려도 될 것이라고 생각할 수도 있지만 그냥 버리면 불상사가 발생할 수도 있다.

세제를 그냥 흘려버린다면 배수구 안에 끈적끈적한 세제가 전부 달라붙기 때문이다. 여기에 머리카락 등 이물질이 얽혀 버리면 배수관이 막히는 일이 생긴다.

이 상태에서 물을 틀어 사용하기라도 한다면 감당하기 어려운 양의 거품까지.. 한 마디로 난리가 나는 것이다.

세제를 버리는 방법

세제를 버릴 때는 오래된 신문이나 버릴 옷, 행주, 키친타월 등을 두툼하게 깔고 거기에 부어 신문지나 천으로 전부 흡수시킨다.

흡수한 신문지나 천을 비닐봉지에 넣고 잘 봉인한 다음 일반쓰레기로 배출한다.

이때 여러 가지 세제를 섞어서 버리는 일은 주의해야 한다. 같은 종류라면 괜찮지만 산성 유형 및 염소계 유형의 세제를 함께 섞는 것은 피해야 한다.

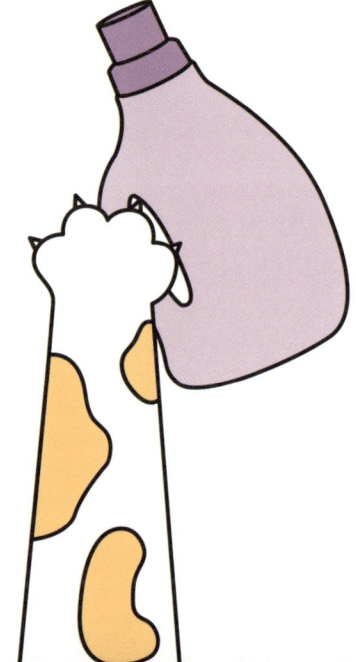

8

유통기한보다는 소비기한이 중요

우유 유통기한이 다 되었을 때 어떻게 해야 할까? 냄새를 맡아 봐도 상하진 않은 것 같은데 먹어도 될까 고민한 적 있는가?

유통기한이 지났지만 소비기한이 남았다.

시중에 판매되는 식품에 기재되어 있는 유통기한은 식품이 유통될 수 있는 기한, 판매를 할 수 있는 기한을 뜻하는 말이다.

하지만 실제 음식을 섭취할 수 있는 기한은 '소비기한'으로, 미개봉 상태에서 먹어도 건강에 이상이 없는 기한을 말한다.

'소비기한'만 제대로 알면 유통기한이 지난 음식이라도 조리할 수 있고, 음식물 쓰레기를 줄일 수 있다. 이때 보관이 매우 중요하다. 보관에 따라 소비기한까지 먹을 수도 있고 먼저 상할 수도 있기 때문이다.

냉동 음식이 아닌 이상 대부분 냉장보관을 하면 된다.

• 유통기한/소비기한 •

음식종류	유통기한	소비기한
두부	14일	+ 3개월
요거트	14일	+ 10일
달걀	19~28일 사이	+ 21일
식빵	1~2일로 매우 짧음	+ 20일
치즈	6달	+ 70일
우유	10일	+ 50일
요구르트	10일	+ 20일
냉동만두	9달	+ 1년 이상
통조림	1년 이상	+ 1년 이상
아이스크림	표시하지 않음	+ 3개월
고추장	1~3년	+ 2년
봉지라면	6개월	+ 8개월
액상커피(유음료)	11주	+ 1개월
참기름	1년	+ 2년 6개월

꿀팁! 처리하기 곤란한 유통기한 지난 식용유 활용법

1. 나무도마 코팅
처음 나무도마를 구입하면 사용하기 전에 식용유를 덧칠하고 건조하는 과정을 두세 번 반복한 후 사용한다. 도마의 표면이 코팅되면서 수분이 침투하는 것을 막는다.

2. 주방 기름때 제거
소량의 식용유를 행주에 덜어낸 후 가스레인지나 전자레인지 내부 후드, 기름 낀 프라이팬 등을 닦으면 주방 기름때를 지울 수 있다.

3. 스티커 자국 제거
물건에 붙은 스티커나 차에 붙은 주차 딱지 등 스티커를 떼면 남는 끈적이는 자국 위에 식용유 3방울을 떨어뜨린 후 마른행주로 닦으면 스티커 자국을 없앨 수 있다.

4. 원목가구 관리
색이 바랜 가구에 식용유를 마른 수건에 묻혀 닦아준 후 2시간 건조하고 남아있는 기름기는 마른 수건으로 닦으면 청소와 광택 효과를 볼 수 있다.

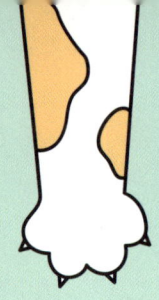

5. 스테인리스 관리

스테인리스 냄비나 텀블러 등을 새로 샀다면 사용하기 전에 식용유와 키친타월로 닦아준다. 검게 묻어 나오는 연마제를 제거할 수 있다.

9

단계별 벌레 퇴치 방법

여름만 되면 벌레와의 전쟁을 치러야 하는 자취방들이 있다.
자취러들이 벌레 나온다고 세스코를 부를 수도 없다.
그래도 민간요법부터 신문물 아이템들까지
다양한 방법이 있으니 각자 상황에 맞는 방법을 알아보자.

1. 벌레 퇴치 1단계

✓ 초파리 트랩 만들기

플라스틱 컵에 식초와 설탕을 1:1 비율로 넣어준다. 플라스틱 컵 위에 랩을 씌워주고 빨대를 꽂아주면 완성!

✓ 소금 활용하기

굵은소금을 종이컵으로 한 컵 정도 싱크대에 뿌린다. 제습효과는 물론 살균작용도, 해충 방지도 모두 가능하다.

✓ 뜨거운 물 붓기

싱크대 또는 화장실 하수구 등 벌레들이 타고 올라올 만한 곳에 뜨거운 물을 부어주면 해충을 예방할 수 있다. 1~2주에 한 번씩 부어주면 효과가 좋다고 한다.

2. 벌레 퇴치 2단계

온라인에서 효과 좋다고 소문난 방역 삼대장이 있다.

너무 유명한 제품이어서 이름을 언급하여 소개할 수밖에 없다.

분필처럼 긋는 형태의 신기패, 짜는 형태의 바퀴벌레용 쥐약 맥스포스겔, 그리고 전기 파리채가 있다.

전기파리채는 모기, 날파리 할 것 없이 내 손으로 잡는 맛이 있는 유용템이다. 벌레가 많이 나오는 집이라면 가장 기본템인 스프레이형 해충 퇴치제 정도는 구비해두는 것이 좋다.

보일 때 마다 뿌려도 되지만 미리 가구 뒤편, 현관 등에 뿌려두면 알과 성충을 박멸하는데 일조한다.

3. 벌레 퇴치 3단계

바퀴벌레를 유인하는 설치형 트랩이나 퇴치제가 있다. 제품 안에 살충 먹이를 두고 그 먹이를 서로 나눠먹게 하면서 연쇄 퇴치를 위한 아이템인데, 주로 어둡고 습한 장소에 설치하면 쥐도 새도 모르게 벌레가 퇴치된다.

주방 싱크대 아래 하수구 연결 통로, 화장실 하수구 주위, 변기 아래, 집 안에 있는 틈들에 설치해 준다.

만약 방충망에 손상이 있거나 창문에 빗물이 고이지 않도록 물구멍이 있는 경우 방충망을 보수하는 스티커 형태의 보수용 방충망이나 물구멍 방충망을 따로 구입할 수 있으니 부착하는 것이 좋다.

4. 벌레 퇴치 4단계

이 단계까지 왔다면 이제 혼자 해결할 수 있는 범위를 넘어섰다. 그렇다고 전문 업체를 부르자니 비용이 만만치 않다. 벌레를 확실하게 처리하고 싶어 고민한다면 '한국위생공사'를 이용할 수 있다.

20평 이하의 원룸의 경우엔 9만 원(출장비 2만 원 포함)에 해결 가능하다.

출장비 2만 원이 또 발생하지만 시공 후 6개월을 보증기간으로 하며 보증기간 이내에 바퀴벌레가 나타날 경우 A/S(시공 후 1개월 이후 보증기간 내)를 요청할 수도 있다.

한국위생공사 홈페이지에서 고객센터→S-Zone 서비스 신청을 하면 된다. 신청 접수를 하면 24시간 내 팀에서 전화로 일정 협의 후 서비스가 진행되고 비용은 작업이 완료되면 용역일지 기재 및 보증관리 기간 확인 후 지불하는 형태이다.

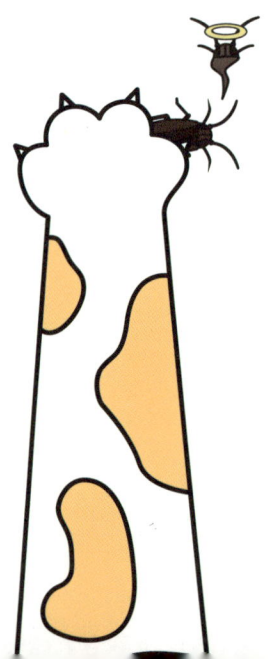

10

음식 배달앱 잘 사용하는 방법

매일 집에서 요리해 먹기는 귀찮고, 빠른 뒤처리를 하고 싶을 때 간절히 생각나는 게 '배달음식'이다. '배달앱'은 혼자 사는 사람들의 필수앱이라고도 할 수 있다.

배달의민족이 발표한 '배민 트렌드 2021'에 따르면 2019년에 비해 2020년 1인분 카테고리의 주문이 늘어난 추세이다. 원하는 음식을 즐기고 싶어 하는 혼밥족을 위해 탄생한 '1인분 카테고리'에는 기존 메뉴를 접목한 1인분 메뉴들도 늘어난 것으로 나타났다.

배민 내의 전체 주문 중 1인분 주문 비중이 10.2%(2019년)에서 18.9%(2020년)으로 증가했으며, 지난해 1월 10만 개였던 1인분 메뉴는 10월에는 40만 개까지 늘어난 상황이다.

1인가구는 혼밥을 하는 횟수가 일주일에 7.7회로 평균에(3.44회)에 비해 월등히 높기 때문에 이런 1인분 배달앱 사용을 효

율적으로 하는 것이 중요하다. (참고: 2020년 서울 먹거리 통계조사)

배달앱은 대표적으로 배달의민족, 요기요가 시장을 장악하고 있었으나 최근 쿠팡이츠가 무서운 기세로 커지면서 눈길을 끌고 있다.

1. 1인분에 자비 없는 소액 주문비 조심

요즘 음식 가격에 배달비를 추가로 받는 정책이 늘어나면서 배달비 + 최소 주문비를 하면 배보다 배꼽이 큰 경우도 있다.

특히 빠른 배달을 원해 치타배달이 있는 쿠팡이츠를 사용하다 보면 깜짝 놀라기도 한다. 분명 배달비 무료에 최소 주문금액은 5천 원을 확인하고 결제를 하려고 했는데 최종 결제 금액은 7천 원으로 나오기 때문이다.

쿠팡이츠는 1만 2천 원 미만의 주문액에 대해 2천 원의 소액 주문비를 의무적으로 부과하고 있다. 일반 배달비 부분은 아직까진 배달의민족이 좀 더 관대한 편이다.

다만 배달의민족도 1건 배달 서비스 '배민1'을 시작했는데 치타배달과 마찬가지로 배달비가 만만치 않다.

2. 같은 가게인데 배달비, 최소 주문비가 달라

우리동네에 있는 가게인데 배달앱마다 배달비와 최소 주문비가 다를 수가 있다. 각각의 앱마다 입점 조건이나 계약 기준이 다르기 때문이다. 배달 주문을 할 때 혹시 모르는 다른 앱을 열어 확인해보자! 단 돈 1천 원이라도 저렴하게 주문할 수 있을 수도 있다.

3. 리뷰를 볼 때 별점 높은 순으로 보시나요?

배달음식을 시킬 때 대부분 앱들이 알고리즘으로 추천하는 업체 리스트를 1순위로 보여준다.

그럼 소비자들은 추천순 리스트에 강한 광고 기운을 느껴 별점 높은 순, 주문 많은 순 등으로 다시 정렬을 해서 보게 된다.

이때 별점 높은 순으로 정렬하는 것보다는 주문 많은 순이나 찜 많은 순으로 정렬하시는 것을 추천한다. 리뷰 이벤트를 한 경우 별점이 높을 수밖에 없기 때문이다.

별점을 보려면 차라리 별점 낮은 순으로 보고 이유를 한 번 확인해 보자.

음식의 맛에 문제가 있다면 냉정한 평가가 있을 것이고 괜찮은 집이라면 낮은 별점도 3점 이하로 떨어지지 않는다.

다만 음식 포장을 잘못해서, 배달이 느려서, 숟가락을 주지 않아서, 소스를 주지 않아서 등 음식의 맛과 관계없이 낮은 별점을 주는 경우도 있으니 이 부분은 참고만 하자.

4. 메뉴로 검색할 때 함정에 빠지지 말자

어느 날은 특정 메뉴가 먹고 싶어 메뉴명으로 검색하는 날도 있다. 예를 들어 피자, 갈비, 김치찜, 떡볶이 등이다.

근데 검색을 하면 메뉴에 갈비가 있거나 가게 이름에 갈비가 들어가는 모든 곳이 나온다. 이럴 경우 정렬을 아무리 잘해도 뜬금없는 검색 결과를 볼 수도 있다. 돼지갈비가 먹고 싶었는데 왕갈비치킨집을 보게 되는 경우다.

또 전문점이 아니라 천국으로 가는 김밥집처럼 여러 메뉴를 다루는 가게들도 검색이 되는데 별점도 높고 주문수도 많다. 그렇다고 해서 내가 먹고 싶은 메뉴를 이 집이 맛있게 잘하는지는 알 수 없는 노릇이다.

이럴 때는 리뷰의 내용 파악이 필요하다. 리뷰에는 사진도 있고 어떤 메뉴를 시켰는지 알 수 있기 때문에 해당 메뉴의 리뷰를 중점적으로 보고 판단하자.

5. 포장, 방문을 적극 활용하자

물론 집에서 나가기 싫어서, 귀찮아서 배달앱을 이용하겠지만 가까운 곳에 가게가 있다면 운동 삼아 방문을 해서 받아오는 것도 배달비를 아끼는 좋은 방법이다.

포장을 하면 배달비 말고도 음식 가격도 할인을 해주는 가게도 많기 때문에 주머니 사정이 넉넉지 않다면 강추한다.

특히 패스트푸드점은 배달앱에서 배달비가 무료라고 적혀 있어도 다 음식값에 녹아있는 것이라고 생각하면 된다. 실제 매장에서 포장을 하면 최대 1200원까지 저렴하게 구매가 가능하다.

이와 관련해서 한국소비자원 조사 결과도 있다. 2021년 3월 8일부터 4월 23일까지 서울 송파구 일대의 롯데리아·맘스터치·맥도널드·버거킹·KFC 등 주요 5개 햄버거 프랜차이즈의 제품 가격을 조사한 결과 4개 업체 모든 제품의 배달 가격이 매장보다 비쌌다고 한다.

배달 주문을 할 경우 햄버거 세트는 매장 가격보다 1천~1천200원이, 햄버거 단품은 700~900원, 사이드 메뉴는 600~700원, 음료는 500~700원 더 비싼 것으로 나타났다. 배달비를 음식값에 붙인 셈이다.

11

1인가구 무료로 누릴 수 있는 정부 혜택

1인가구들을 노리는 범죄가 늘어나고 있어 불안감이 높아지고 있다. 서울시의 여성 1인가구 세대별 생활실태 조사 결과에 따르면 20~30대 여성 1인가구의 36%가 주거지에서 치안 불안을 느끼고 있는 것으로 나타났다.

1. 1인가구 지원센터 (패밀리서울)

서울시 건강가정지원센터가 '패밀리서울'이라는 플랫폼으로 개편되면서 1인가구와 관련한 정책서비스, 각 구마다 진행하는 프로그램 정보 등을 한눈에 볼 수 있게 됐다.

무료로 요리뿐만 아니라 재테크, 악기, 소셜다이닝 등 다양한 프로그램에 참여할 수 있는 꿀정보가 가득하다.

특히 서울시에서는 전역에 여성 1인가구를 위한 현관문 보조키, 문열림 센서, 창문 잠금장치, 방범창 등 '안심홈 4종 세트' 지원 신청도 받고 있으니 주목하자.

2. 여성안심택배함

코로나19로 인해 비대면이 강조되기 전부터 무인택배함은 활성화됐다. 이름은 '여성안심택배함'이지만 남녀노소 상관없이 이용할 수 있다.

집에서 택배를 받을 수 없는 상황이거나 받고 싶지 않을 때 이용할 수 있다.

여성안심택배함을 전국적으로 설치가 되어 있으며, 지역에 따라 다를 수도 있으나 대부분 48시간까지는 무료 이용이고 초과하면 하루에 1천 원씩 부과가 되는 방식이다.

3. 여성 1인가구를 위한 안전앱

✓ 스마트구조대

위급 상황이 발생하면 어느 기관에 신고해야 할지 불분명한 경우가 많아 인명이나 재산피해가 커지는 경우도 비일비재하다.

국토교통부는 경찰청·소방방재청 등 관계 기관과 협의해 위급 상황 발생 시 위치 추적은 GPS와 와이파이를 이용해 사고 내용과 사고 지점을 정확히 알 수 있도록 만든 서비스이다.

이용자는 위급상황 시 여러 기관에 전화하지 않고 한 곳에서 간편하게 신고할 수 있으며, 앱 내에서 신고 유형별로 위급상황을 세분화해 필요에 따라 전화 또는 문자로 신고할 수도 있다.

스마트구조대 앱에서는 일상생활에서 필요한 심폐소생술·화상 등 응급처치 방법과 화재·감전·산악사고·매몰·억류·납치 등 위기상황 대처요령, 실종·유괴·성폭력·학교폭력·가정폭력·물놀이 사고 예방수칙 등 생활안전 부가서비스도 제공한다.

✓ 112 긴급신고앱

경찰청이 운영하는 앱으로 특정 버튼을 누르는 것만으로도 경찰에 신고가 가능하다. 위급한 범죄 상황에서 112로 전화를 하기 어려울 경우에 대비해 앱을 켜지 않고도 전원버튼을 연속 5회 누르거나 특정 버튼을 동시에 3초 이상 눌러 신고가 가능하도록 설정할 수 있다.

✓ 성범죄자 알림e

주변의 성범죄가 있는지를 알 수 있고 사이트와 앱을 통해 신상 정보를 열람할 수 있다.

✓ 안심이앱

전국 CCTV와 스마트폰을 연계한 'SOS' 호출 앱이다. 112에 신고하지 않아도 전원버튼을 누르거나 핸드폰을 흔드는 등의 간단한 동작만으로도 SOS 호출이 가능하다.

또 안심귀가 모니터링, 안심귀가 스카우트 요청 기능이 있다. 안심귀가 모니터링은 시작 버튼을 누르면 자치구 관제센터에서 귀갓길 경로를 모니터링하는 동시에 지정한 보호자에게 출발 문자가 발송된다.

안심귀가 스카우트는 늦은 밤 귀가 시 지하철역이나 버스 정류장에 도착 30분 전 신청하면 지정장소에 스카우트 대원 2명이 마중을 나와 함께 귀가할 수 있다.

안심이앱은 서울시에서 가장 먼저 진행됐으며 2021년 하반기부터 전국적으로 이용할 수 있게 될 예정이다.

4. 응급의료 정보, 긴급 전화번호

✓ 응급의료정보제공앱

보건복지부가 제공하는 '응급의료 정보제공' 앱은 병원이나 약국 등에 대한 정보를 제공한다.

사용자의 현재 위치를 기반으로 병원 응급실 정보를 제공하며, 전화번호 자동 연결 기능 등으로 병의원과 약국에 바로 전화 연결도 가능하다.

또한 상황별 응급처치 요령이나 자동 심장충격기 사용법, 심폐소생술 발생 등 언제 일어날지 예측할 수 없는 응급상황에 대처할 수 있는 정보를 제공하고 있다.

이 밖에 내 주변 자동 심장충격기(AED)의 위치와 점검 상태까지 알 수 있어 위급 상황에 미리 대비할 수 있다.

✓ 긴급 전화번호 참고 (국번없이)

기관	번호	역할
질병관리청	1339	바이러스로 인한 감염병, 질병 신고 및 상담
상수도사업본부	121	-겨울철 한파로 상수도 계량기 파손 시 신고 -상수도 녹물 및 유충 등 신고
한국전력공사	123	전기 누전, 합선 등 전기 관련 고장 신고
아동, 여성, 장애인 경찰지원센터	117	가정폭력, 성폭력, 아동폭력 등 폭력 관련 신고
한국여성인권진흥원	1366	가정폭력, 성폭력, 성매매, 데이트폭력, 스토킹 등 여성폭력 관련 구조, 보호, 상담
다산콜센터	120	행정 민원 접수 서비스
한국인터넷진흥원	118	사이버 테러
금융감독원	1332	금융 민원 상담

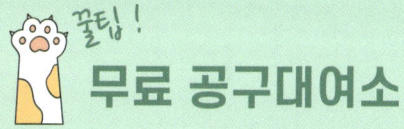
무료 공구대여소

서울시에서 시민들에게 각종 공구를 무료로 빌려주는 제도이다. 가끔씩만 사용하게 되는 공구를 구입하는 것은 금전적 낭비가 될 수 있으니 잘 이용해보자.

집수리닷컴 → 내가 하는 집수리 → 공구대여소에서 확인 가능하다.

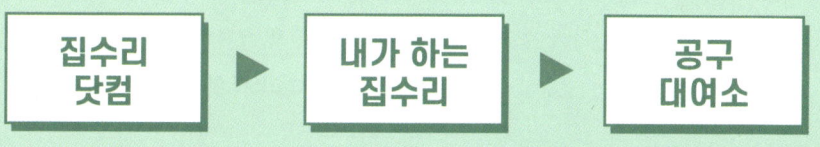

드릴부터 톱, 사다리, 공업용 청소기까지 대여 가능하며 각 구마다 대여소가 있고 총 40곳이 있다.

집수리닷컴에서는 셀프인테리어를 위한 집수리 아카데미를 신청할 수도 있고 노후된 집에 살고 있다면 수리 비용을 지원받을 수도 있으니 천천히 사이트를 잘 살펴보면 유용한 정보를 얻을 수 있다.

12

자취방 겨울나기 필수 체크사항

초보자취러들이 자취하면서 처음 만나는 겨울은 생각보다
여러 가지 변수가 생기기 마련이다.
따뜻할 때 구했던 집은 겨울이 되니 생각지도 못한 외풍이 불어와
추위에 떨 수도 있고 아침에 갑자기 수도관이 얼어
씻지를 못하는 일이 벌어질 수도 있다.
겨울은 금방 오니 미리 준비할 필요가 있다.

1. 보일러 체크하기

겨울이 오기 전에 미리 보일러가 잘 작동되는지 먼저 확인하자. 쓸려고 하니 갑자기 안되는 경우가 있어 당황할 때가 있다. 사용하지 않는 동안 보일러에 이상이 생겼을 수도 있기 때문에 주기적으로 체크를 하자.

그리고 가스 공급사에서 진행하는 1년에 1~2회씩 하는 보일러 정기점검을 받는 것이 좋다.

혼자 살고 있기 때문에 낮 시간에 방문하는 점검원을 못 만날 수도 있는데, 그럴 경우 집 문 앞에 연락처 등 메모를 남겨놓으니 가능한 시간에 맞춰 점검받으면 된다.

혹시 보일러가 실외에 위치해 있다면 동파를 예방하기 위해 보온재로 감싸주는 것이 좋다.

난방비를 절약하려면 겨울철에는 외출 시, 보일러를 아예 끄는 것보다 '외출'로 두는 것이 좋다. 외출 모드는 보일러 동파 방지 효과도 있다. 그리고 겨울철 적정온도는 18~22도이며 러그, 카펫을 깔아 보온력을 높일 수 있다.

만약 보일러 동파 사고가 발생하면 헤어드라이어를 이용해 천천히 녹여주면 된다.

2. 틈새/수도관 체크하기

창문, 현관문에 틈새가 있다면 문풍지로 막아두고 두꺼운 커튼을 달면 효과적으로 보온 가능하다. 창문에 에어캡을 붙이면 온도를 2도 높일 수 있다. 또 수도관 계량기 보호통을 확인하자. 계량기가 스티로폼에 쌓여 있지 않거나 보온재가 없는 경우 계량기를 헌 옷, 단열재로 감싸 동파를 방지해 준다.

겨울철 집을 장기간 비울 때는 보일러와 마찬가지로 수도꼭지도 아주 꽉 잠그기보다는 물이 한 방울씩 떨어지도록 열어두는 것이 동파를 막아준다.

만약 동파가 되면 수도관을 녹이기 위해 직접 뜨거운 물을 붓는 행동은 위험하다. 수도관이 오히려 파열이 될 수도 있기 때문이다. 응급조치로 수건에 따뜻한 물을 적셔 감싸거나 헤어드라이어를 이용해 녹여보자. 만약 계량기 보호통 안에 고인 물이 있다면 반드시 제거해 줘야 한다.

계량기 보호통 쪽에 전기 콘센트가 있다면 그걸 이용해도 되고 없다면 멀티탭으로 전기를 끌고 와야 한다.

수도관이 얼거나 파열되면 같은 건물에 거주하는 다른 집에도 문제가 생길 수 있으니 꼭 주의해야 한다. 수도관이 파열돼서 누수가 발생한다든지 일이 커지면 집주인과 분쟁이 일어날 수도 있다.

계량기가 동파로 파손되면 비용이 발생하기 때문에 집주인이나 부동산에 즉시 알려야 한다. 알아서 처리한 이후 청구하라고 하면 지역 수도사업소로 연락해 계량기 동파 신고를 하면 된다.

3. 난방기구 체크하기

추위를 막기 위한 난방 기구를 사용하기 전, 잘 작동하는지 꼭 먼저 확인을 한다. 그리고 사용하지 않는 기간 동안 전선이 벗겨지진 않았는지 확인하고 만약 문제가 있다면 절연테이프를 감아준다.

특히 오래 사용을 하지 않은 경우 먼지가 쌓였을 확률이 크다. 먼지가 많다면 화재 발생의 우려도 있기 때문에 제거는 필수이다. 멀티탭에도 먼지나 머리카락이 많으면 화재 위험이 있으니 이왕 청소하는 김에 멀티탭도 같이 청소하는 것이 좋다.

난방 기구 구입 시 KS마크, Q마크, KC마크 등 안전인증 마크를 꼭 확인하고 못 미더운 제품은 구매하지 않는 것이 사고를 방지하는 길이다.

멀티탭에 한꺼번에 많은 난방기구를 꽂으면 과열로 합선 사고를 일어날 수 있으니 주의하고 사용하지 않는 코드는 뽑아두자.

반려동물을 키운다면 필히 조심해야 한다. 이왕이면 뜨거운 열이 나오는 제품보다는 얼굴에 가뭄이 오더라도 따뜻한 바람이 나오는 제품이 조금 더 안전하다.

· 겨울 준비 체크리스트 ·

- [ ] 보일러 작동이 잘 되는지
- [ ] 보일러 배기관이 찌그러지거나 손상된 곳이 없는지
- [ ] 보일러 정기점검은 받았는지
- [ ] 진동, 소음 냄새 이상 현상이 있는지

- [ ] 틈새 문풍지 붙이기
- [ ] 창문에 에어캡 붙이기
- [ ] 수도관 단열재로 감싸기
- [ ] 계량기 보호통 점검하기

- [ ] 난방 기구 시험 가동해보기
- [ ] 안전인증 마크 확인하기
- [ ] 난방 기구 먼지 제거하기
- [ ] 전선 상태 확인하기

부록!

생활상식 O, X 퀴즈

1. 한 번 해동했던 음식을 다시 냉동하면 안 된다. (   )

2. 미세먼지가 있는 날, 창문을 열고 공기청정기를 틀면 된다. (   )

3. 소금, 설탕은 유통기한이 없어서 오래 두고 먹어도 된다. (   )

4. 유통기한이 지난 세제는 화장실 변기에 버려준다. (   )

5. 수건이 뻣뻣해질 때 섬유유연제를 많이 넣으면 부드러워진다. (   )

생활상식 O, X 퀴즈 정답 및 해설

1. O

냉동된 음식 안에는 일부 박테리아가 생존할 수 있다. 박테리아는 냉동된 상태에서 증식이 억제 됐을 뿐이고 해동한 이후에는 다시 빠르게 증식하게 된다.
특히 식품을 냉장 해동이 아닌, 상온에서 해동한 경우나 냉동 음식을 가열해서 조리를 한 후 다시 재냉동을 한다면 세균 증식이 가속화된다. 이러한 음식을 다시 먹는다면, 세균 증식으로 인해 배탈이 나거나 식중독에 걸릴 수 있는 위험이 있다.

2. X

공기청정기를 돌릴 때 빠른 환기를 시키기 위해 창문을 열고 사용하는 경우가 종종 있다. 그럼 공기청정기가 빨간색이 되면 열심히 일을 하는 것처럼 보이지만 창문을 열고 사용하게 되면 정화된 공기는 밖으로 나가고 오염된 공기는 다시 들어오게 되어 효율이 매우 떨어진다. 환기도 어느 정도 되었다면 창문을 닫고 공기청정기를 사용하는 것이 좋다.
음식을 조리할 때도 처음부터 공기청정기를 돌리면 시간이 오래 걸리고 필터 수명을 단축시키기 때문에 환기를 먼저 하고 난 후 공기청정기를 사용하는 것이 바람직하다.

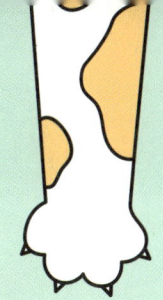

3. O

소금과 설탕은 건조하고 통풍이 잘 되는 곳에 뚜껑을 잘 덮어 보관하면 오랫동안 보관이 가능하다. 냉장고가 아닌 상온 보관해도 된다.

4. X

세제를 물에 흘려버리는 일은 계면활성제 등 환경을 오염시키는 성분을 그대로 보내는 것과 같다. 그리고 세제의 끈적한 성분이 배수관을 막히게 하고 물과 만나 거품이 발생해 변기가 역류하는 일이 벌어질 수 있다.

5. X

수건을 빨 때 섬유유연제를 많이 넣으면 흡수력을 떨어뜨려 오히려 더 빨리 거칠어질 수 있다. 냄새가 거슬린다면 베이킹소다나 구연산을 이용해보자.

4장,
자취생을
위한 돈 관리

숨만 쉬어도 마이너스인

자취 생활금융 꿀팁

1. 1인가구 재테크 노하우

2. 연봉 3000만 원 이하의 짠테크

3. 스마트한 은행 사용법 7가지

4. 1인가구를 위한 신용카드 사용법

5. 대출이자 줄이는 꿀팁

6. 신용점수 확실하게 올리는 꿀팁

7. 저축성 보험 가입 시 알아야 할 꿀팁

8. 금융 상품을 이용하다 억울한 일을 당했을 경우

# 1

1인 가구 재테크 노하우

"왜 벌써 돈이 없지? 월급은 스쳐만 가는구나"
"카드 값 왜 이래? 나 대신 누가 내 카드 쓴 거 아냐?"
이런 생각 한 번이라도 한 사람이 있다면 티끌 모아 태산이듯
작은 소비도 여러 번 하면 내 잔고는 텅텅..

자취를 시작하게 되면 자유로운 마음이 앞서 인테리어도 하고 싶고 배달 음식도 시켜 먹다 보면 나도 모르게 줄줄 새는 돈을 뒤늦게 발견하게 된다.

하지만 혼자이기 때문에 본인은 모든 것에 책임을 져야 한다는 사실! 재테크는 목돈이 필요하거나 너무 어려운 일이 아니다.

월세도 내야 하고 사고 싶은 것도 많지만 '천리길도 한 걸음부터'라고 생각해 보면 훨씬 편안해진다.

1. 근로소득 높이기

평생직장이 없다는 이야기는 이제 흔한 이야기다. 직장인 64.5%는 자기개발을 하고 있고 특히 코로나19 상황을 겪으면서 자기계발이 더욱 중요해졌다. (사람인 2021.5.10.)

2030세대의 가장 큰 재테크는 근로소득을 높이는 일이다. 투자의 기반이 될 수 있는 소득이 있어야 한다.

또 다니는 직장을 제외하고도 여러 가지 일을 하는 'N잡러'도 늘어나고 있다.

직장인 중 49.2%가 현재 N잡러인 것으로 조사됐으며 N잡러가 아닌 이들 중 80.3%가 N잡러가 되고 싶다고 응답했다. (해피칼리지 2021.5.11.)

N잡에는 재능 공유 비대면 아르바이트, 인플루언서 활동, 강의/출판, 쇼핑몰 온라인 사업, 가게 등 오프라인 사업, O2O 플랫폼 아르바이트 등 많은 일들이 있으니 차차 잘 생각해 보도록 하자.

2. 소비 수준 파악하고 조절하기

지난 6개월간 내 소비 내역을 보면 자신의 소비 패턴을 알 수가 있다.

은행 계좌 거래내역, 신용카드 홈페이지에서 그동안 썼던 내역을 다 찾아볼 수 있다.

편의점 신상이 나와서 충동적으로 사 먹은 일, 지하철역까지 가기가 너무 귀찮아서 택시를 이용한 일 등 몇몇 무계획적인 지출이 보인다. 우리는 이러한 무계획적인 지출을 스스로 깨달아야 한다.

그리고 한 번 높아진 소비는 다시 줄이기가 힘드니 소득 내에서 사용하는 선을 정해 소비를 조절하는 연습을 해보자.

3. 구체적인 목표 세우고 다음으로 미루지 말기

돈을 모아야 할 뚜렷한 목표가 없으면 실천하기가 어렵다. 내 수입을 어떻게 관리하고 무엇을 위해 저축할지 먼저 고민한다면 저축하는 것이 조금 더 쉬워질 것이다.

내 집 마련을 위해서라는 큰 계획을 세워도 좋고, 가깝게는 여행을 가기 위해서도 좋다.

목표 금액을 달성할 때까지는 동기부여가 제대로 될 것이다.

특히 내일부터라고 생각하지 말고 지금 당장 시작하는 것이 중요하다.

용도에 따른 통장을 만들면 소비를 눈으로 쉽게 볼 수 있고 통제할 수 있어 저축이 쉬워진다.

보통 4개의 통장으로 나누며, 용도에 따른 통장을 만들어두면 쉽게 소비를 한 번에 볼 수 있다. 요즘은 은행에서 첫 월급 통장이나 20대 예금, 적금 통장을 따로 두고 이율을 높게 주는 곳이 많으니 꼭 먼저 체크하고 통장을 만들자.

✓ **급여 통장** : 월급 수령, 고정 지출 관리

급여가 들어오면 1차적으로 월세나 통신비 같은 고정 지출을 자동 납부하도록 해둔다.

✓ **소비 통장** : 변동 지출 관리

애초에 쓸 수 있는 돈이 적다면, 자연스레 소비도 줄게 된다. 소비 통장에 한 달에 쓸 돈만 넣어두고 체크카드와 연결시키도록 한다.

한 달에 5만 원을 덜 쓰기보다는 소비 통장에 5만 원을 덜 이체

시키는 게 훨씬 지키기 쉬운 일이다. 주의할 점은 쓸 돈이 부족하다고 해서 추가로 잔고를 늘려서는 안 된다.

소비 통장에 넣을 돈은 급여의 20~30%를 넘지 않는 것이 좋다.

✓ **투자 통장 : 적금, 펀드, 주택청약, 주식 등을 관리**

중요한 점은 자동이체 및 투자 상품 이체 날짜를 모두 동일하게 하는 것이다. 많은 사람들이 각종 자동이체 날짜를 우후죽순으로 설정하고 있는데, 이체 날짜가 동일해야 자금 흐름을 한 번에 파악할 수 있다. 급여의 절반 정도를 투자통장으로 이체하는 것을 추천한다.

✓ **비상금 통장 : 보너스, 상여금 등 예비 자금 보관**

급여 통장에서 투자통장, 소비통장으로 돈을 돌린 후 남는 금액은 예비 통장에 넣어둔다. 만약 이 예비 통장이 없다면, 친구 결혼식이나 예기치 못한 사고가 일어났을 때 갑자기 쓸 돈을 구하기 힘들다. 일이 있을 때마다 적금을 깨야 한다면 재무 계획을 세울 수가 없다. 예비 자금은 급여의 10% 정도로 산정하는 것이 좋으며, 평소 한 달 지출의 3배 정도의 금액을 유지하는 것이 좋다.

4. 필요한 보험을 가입하기

돈을 모으는 것도 중요하지만, 최소한의 안전장치는 있어야 한다. 사망 시 보험금이 지급되는 종신보험보다는 질병과 상해에 대비하는 실손의료보험이 필요하다. 여유가 된다면 실비보험으로 감당이 힘든 암이나 중대질환의 경우 관련 보험상품을 추가로 가입하는 것도 좋다. 내 소득의 8% 이상을 넘지 않는 선에서 보장성보험에 가입하도록 하는 것을 추천한다.

실손의료보험은 입·통원 의료비에 대해 5000만 원 한도 내에서 실제 지출한 비용의 최대 90%까지 보상받을 수 있고, 30만 원 한도 내에선 통원치료비도 받을 수 있다. 또 국민건강보험에서는 제외되는 비급여 항목인 MRI, CT 촬영, 내시경 검사와 같은 특수검사도 보장을 받는 등 보장 범위가 넓다.

온라인 보험슈퍼마켓 '보험다모아'에서 성별과 나이를 입력한 후 보험료를 비교하고 가입하는 것이 합리적이다. 보험다모아는 손해보험협회와 생명보험협회에서 운영하며 300종 넘는 다양한 보험 상품을 비교해보고 가입하자.

2

연봉 3000만 원 이하의 짠 테크

이 정도 벌이로는 삶이 만족스럽지 않을 확률이 크다. 자취의 자유에 취해 마음 가는 대로 쓰다 보면 '텅장(텅빈통장)'을 만나게 된다.

연봉이 적을 때는 마음을 독하게 먹고 모아야 한다. 쉽게 생각해서 1년에 1천만 원을 모으려고 한다면 한 달에 적어도 80만 원은 저축해야 한다.

코로나바이러스 감염증(코로나19) 장기화로 경기 불황이 지속되면서 욜로(YOLO)를 외치던 2030 젊은 층들도 '짠테크'에 입문하고 있다.

한 설문조사에 따르면 '현재 내가 하고 싶은 것을 하며 살아가야 후회가 없다'는 질문에 대해 2017년에 75.8%가 그렇다고 답했으나 2021년에는 55.6%로 줄어들었다. 또 '먼 미래의 일보다는 현재 내 삶의 만족이 더 중요하다'고 생각하는 사람들도 2017년 53.8%에서 41.4%(2021)로 감소했다. 반면 응답자의 73.8%가 '미래의 안정적인 삶을 위해서라면 지금을 조금 희생하며 살 수 있다'고 답하기도 했다. (엠브레인 트렌드모니터 2021.5.20)

소비습관이 잡힐 때까지는 극단적인 방법으로 신용카드를 잘라버리고 체크카드만 사용하는 방법도 있다. 특히 이 시기에 '인생 한 방'이라는 생각을 가지고 주식, 부동산, 비트코인 등에 '묻지마' 투자를 하게 되면 그나마 모든 돈도 다 사라질 수도 있으니 주의하자.

'로또는 없어요' 생활 속의 짠테크 방법에 대해 알아보자.

1. 통장 쪼개기

월급통장, 생활비 통장, 저축통장, 비상금 통장, 식비 통장, 여가생활통장 등 자신에게 맞는 용도로 통장을 나누어 관리한다.

통장 쪼개기를 하면 과소비를 막고, 변동 지출을 한눈에 관리할 수 있고, 목돈도 마련할 수 있다. 또한 해당 목적에 맞는 통장을 개설하여 혜택도 챙길 수 있다.

2. 포켓 캘린더

작은 주머니가 달린 달력인 포켓 캘린더에 각 날마다 쓸 생활비를 현금으로 소분하여 담는다. 주머니에 담긴 돈의 한도 내에서 사용하고 남은 돈은 저축한다.

3. 봉투 생활법

생활비를 하루분씩 봉투에 나누어 담아 생활하는 방법이다.

미리 돈을 배분하기 때문에 용도에 맞게 돈을 분류할 수 있고 실제로 나가는 돈이 눈으로 보이기 때문에 과소비와 충동구매를 억제할 수 있다.

4. 무지출데이

특정일을 정해 출퇴근 교통비를 제외하고 한 푼도 쓰지 않는 날을 정하는 것이다.

단, 무지출데이로 아낀 돈은 꼭 저축해야 한다. 무지출데이를 정하고 꾸준히 실천하면 무의식중에 낭비하는 돈을 파악할 수 있고 절약하는 습관을 기를 수 있다.

5. 카페라테 효과

카페라테 효과는 커피 마실 돈만 저축해도 꽤 많은 목돈을 모을 수 있다는 말에서 나왔다.

매일 약 4천 원의 커피를 마시는 직장인의 경우 커피를 마시지 않고 모은다면 한 달에는 12만 원을 모으고 1년이면 140만 원을 모을 수 있다.

6. 캘린더 저축법

매일매일 저축을 실천하면서 하루 단위로 저축액을 조금씩 늘려가는 방법이다.

1천 원으로 시작해서 둘째 날은 2천 원 저축, 셋째 날은 3천 원 저축 이런 식으로 매일 천 원단위로 저축액을 늘렸을 경우 한 달(30일)에 46만 5천 원을 모을 수 있고 1년에는 558만 원을 모을 수 있다.

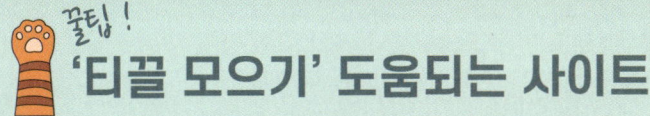
'티끌 모으기' 도움되는 사이트

1. 서민금융진흥원 '숨은 돈 찾기'

휴면예금이란, 금융회사의 예금들 중 법률 규정 또는 약정에 따라 채권 또는 청구권의 소멸 시효가 완성된 예금을 뜻한다. 간단히 말하면 은행의 경우 5~10년 동안, 보험의 경우 3년 이상 거래가 없는 휴면 상태에 돌입한 예금이라고 할 수 있다.

서민금융진흥원 홈페이지에서 '휴면예금 통합조회'를 클릭한 후 개인인증을 하면 휴면예금 조회가 가능하다. 조회 시 휴면예금이 있을 경우 지급 신청 계좌 선택을 통해 최대 1천만 원까지 당일에 돌려받을 수 있다. 하지만 1천만 원 이상일 경우 신분증을 가지고 가까운 서민금융통합지원센터로 방문해야 한다.

2. 카드 포인트를 바로 계좌로 입금해주는 '여신금융협회'

항상 기간 만료일이 되는 줄도 모르고 모였던 포인트들도 전부 소멸되는 카드 포인트를 찾아주는 사이트이다. 포털사이트에서 카드 포인트 통합조회시스템을 검색하면 여신금융협회에서 만든 사이트가 나온다. 여기서 통합 조회를 하면 된다.

협약이 되어 있는 카드사의 포인트들은 바로 통장으로 입금해주고 만약 내가 이용하는 카드사가 리스트에 없다면 해당 카드사에서 직접 계좌입

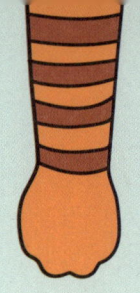

금을 하는 시스템이다. 카드 포인트 현금화 비율은 1포인트당 1원이며, 계좌 입금 신청은 1포인트부터 가능하다.

3. 내 모든 금융 정보를 볼 수 있는 '계좌정보 통합관리 서비스'

은행 계좌, 증권사 계좌, 신용카드, 보험, 대출 등 내가 있는 금융 정보를 한눈에 보여준다. 특히 계좌 자동이체를 등록한 내역, 카드 자동납부도 한 번에 볼 수 있어 관리가 편리하다.

3

스마트한 은행 사용법 7가지

요즘은 인터넷이나 모바일 뱅킹을 주로 사용하기 때문에
비대면 금융 서비스를 잘 활용하면
슬기로운 금융 생활을 할 수 있다.

1. 입출금 내역 알림서비스

'입출금 내역 알림서비스'는 고객의 계좌에서 입출금 거래가 있으면 그 내역을 즉시 해당 고객에게 알려주는 서비스가 있다. 휴대폰 문자 전송 방식을 사용하면 소정의 수수료가 소요되지만 자신이 사용하는 은행의 앱을 이용하면 대다수 무료로 제공되는 기능이다.

또 계좌 비밀번호 변경, 통장 분실 재발급 등 주요 거래가 발생할 경우에도 은행에 등록된 고객의 휴대폰 번호로 이를 통지해주는 서비스를 제공하고 있기 때문에 잘 활용하면 위험을 방지할 수 있다. 이때 본인의 휴대폰 번호가 변경될 경우에는 은행 등록된 번호도 변경해야 한다.

2. 이체한도 초과 증액 서비스

인터넷, 모바일 뱅킹에서 계좌이체 한도를 약관 등에서 정해놓은 한도보다 많은 금액을 이체해야 할 경우 꼭 필요한 서비스이다.

주택 전세·매매 거래 등의 경우, 한 번에 목돈을 이체해야 하는 일이 발생했을 때 미리 한도 증액을 해놓지 않으면 이체를 못해 급히 은행 창구를 방문하거나 여러 번에 나눠 이체를 해야 하는 일이 발생한다.

큰돈을 이체해야 할 경우, 자신의 이체 한도를 미리 확인하고 1일 및 1회 이체 한도를 증액해둬야 한다. 증액 조건은 은행마다 다르고 OTP가 아닌 보안카드 이용자는 서비스 이용에 제한이 있을 수 있다. 예전에는 필수적으로 은행 창구를 방문해야 했지만 요즘은 모바일로도 어느 정도까지는 증액이 가능하기 때문에 내가 사용하는 은행 앱을 잘 살펴보도록 한다.

3. 주거래 고객제도 이용

주거래 고객으로 등록되어 해당 은행이 제공하는 다양한 우대 혜택을 받기 위해서는 여러 은행을 사용하기보다 하나의 은행으로 금융거래를 집중하는 것이 현명하다.

주거래 은행으로 꾸준한 거래를 하는 것은 추후 대출이 필요할 때도 유리하게 작용한다.

주로 급여이체 은행을 주거래 은행을 정하는 것이 유리하다. 여러 은행을 이용하고 있다면 2019년부터 시행된 오픈뱅킹 서비스를 통해 주거래 은행 한 곳에서 다른 은행 계좌까지 거래 내역을 조회하는 것을 넘어 이체도 가능해졌다.

4. 무조건 돌려받는 '예금자보호법'

금융회사가 망하는 것은 흔치 않은 일이다. 하지만 아예 없는 일은 아니다. '예금자보호법'은 금융기관이 파산/부도를 맞게 되면서 예금을 지급할 수 없는 경우 예금보험제도를 운용해 예금자를 보호하기 위해 만들어진 법률이다.

예금보험공사에서 이를 보장해 주면서 최대 6개월 이내에는 무조건 돌려받을 수 있다.

모든 금융회사와 상품을 보호해 주는 것은 아니다. '예금자보호법'이 적용되는 곳은 저축은행, 종합 금융사, 보험사 등이 속한다.

농수협 지역조합, 신용협동조합이나 새마을금고와 같은 협동조합들은 '예금자보호법'이 적용되지 않는 대신 자체 기금에 의해 보호될 수 있다. 예금의 종류별 혹은 지점 별 차이가 있긴 하지만 보호한도 금액은 대게 1인당 5천만 원 까지 가능하다.

단, 이 한도는 원금이 아니라 이자를 포함한 금액이라는 점을 알아둬야 한다.

4. 증명서 인터넷 발급 서비스

금융거래확인서, 부채증명서 등을 은행 창구 외에 인터넷으로도 발급하는 서비스이다. 금융거래확인서, 부채증명서 등 증명서가 필요한 소비자의 경우, 인터넷뱅킹에 가입했다면 은행창구를 방문하지 않더라도 인터넷으로 증명서 발급이 가능하다.

또한, 인터넷뱅킹을 통해 통장 표지 출력도 가능하니 회사에서 급여계좌 등록을 위해 통장사본 복사를 해오라고 하면 모바일 앱으로 캡처를 하거나 인터넷으로 출력을 하면 된다.

5. 보이지 않는 비밀계좌 '스텔스 계좌' 활용

전투기처럼 보이지 않는 통장이라는 별명을 가지고 있는 스텔스 통장은 1인가구 비상금 통장으로도 이용 가능하다. 스텔스 통장은 인터넷으로 조회가 불가능하고, 예금주가 직접 은행을 방문해야만 입·출금이 가능한 비상금 계좌이다. 보이스 피싱이나 전자거래의 취약점을 악용한 금융 사기에 대처하기 위한 용도로 만들어졌다. 처음 보이스 피싱을 접할 수 있는 청년층들에게도 안전한 비밀 계좌라고 할 수 있다.

6. 예·적금 담보대출 활용

은행들은 예·적금을 든 고객에 대해서는 예·적금을 담보로 상대적으로 저렴한 금리의 대출 서비스를 제공하고 있다. 따라서 긴급하게 자금이 필요한 경우 신용대출보다는 예·적금 담보대출을 활용하는 것이 좋다. 예·적금 담보대출은 은행 창구나 인터넷(모바일)뱅킹에서 신청할 수 있다.

예금이란 정기예금을 말한다. 금융기관에 목돈을 한 번에 넣어두고 계약 기간까지 예치하는 것을 말하는데, 적금은 주로 정기적금을 의미한다. 매월 일정한 금액을 계약 기간까지 납입하는 통장이다.

4

1인가구를 위한 신용카드 사용법

'신용카드 없이 지내겠다.' 다짐하지 않는 이상
필요에 의해 살아가면서 신용카드 1장씩은 만들게 된다.
신용카드를 만들기 전 신경 써야 할
다음 6가지 항목을 확인해보자.
그다음 카드를 선택한다면 똑똑한 금융소비자가 될 수 있다.

1. 본인의 지출 성향을 파악해라

현재 카드사에서는 전부 알 수도 없을 만큼 많은 카드 상품이 있다. 이 때문에 카드사가 제공하는 혜택과 서비스를 최대한 활용하기 위해서는 무엇보다도 자신의 지출(소비) 성향을 꼼꼼히 따져보고 카드를 선택할 필요가 있다.

즉, 자신이 가장 많이 지출하는 업종이나 항목·분야에 무이자 할부 혜택과 부가 서비스를 많이 부여하는 카드를 선택하는 것이 유리하다.

본인이 인터넷 쇼핑몰을 주로 이용하는 소비자라면 해당 인터넷 쇼핑몰 제휴카드를 발급받아 해당 쇼핑몰 이용 금액에 대한 할인 서비스를 제공받는 것이 좋고, 항공편을 많이 이용하는 소비자라면 항공사 제휴 마일리지 카드를 발급받아 신용카드 이용금액을 항공사 마일리지로 적립하여 추후 항공권 구매 시 이를 활용할 수 있다.

2. 소득공제 vs 부가서비스

본인이 주로 사용하는 카드를 선택할 때는 '소득공제' 혜택에 주안점을 둘지, 아니면 '포인트 등 부가서비스'에 주안점을 둘지 선택할 필요가 있다.

체크카드를 주로 사용하면 신용카드보다 연말 정산 시 돌려받을 수 있는 소득공제 혜택이 더 큰 반면 대체로 카드사에서 제공하는 부가서비스 혜택은 적기 때문이다.

체크카드의 소득공제율은 신용카드에 비해 2배에 달한다. 따라서 소득공제에 중점을 두는 소비자라면 체크카드를, 부가서비스에 중점을 두는 소비자라면 신용카드를 선택하는 것이 유리하다.

3. 신용카드로 이용할 수 있는 월평균 지출 규모 미리 정하기

카드 상품별로 제공하는 무이자 할부 혜택이나 부가 서비스를 받기 위해서는 전월 사용금액이 일정액 이상이 되어야 하는 등 일정한 조건을 충족해야 하는 경우가 많다.

본인의 소득과 이에 따른 월평균 지출 규모를 감안하지 않고 본인이 원하는 종류의 부가서비스 혜택에만 매달려 여러 장의 카드를 발급받을 경우 그만큼 실적 조건을 채우기 어렵게 되고 오히려 아무런 혜택도 받지 못한 채 돈만 쓰게 될 경우가 있다.

따라서 카드를 새로 발급받을 때는 본인의 지출 규모를 고려할 필요가 있다.

이 부분을 파악해서 조건을 생각해 봐야 한다.

4. 연회비 부담을 생각하자

연회비는 카드사가 카드 발급 및 배송, 회원관리, 부가서비스 제공 비용 등에 충당하기 위해 매년 일정액을 부과하는 것으로 카드에 탑재되는 부가 서비스가 많거나 고가일수록 연회비 부담도 커진다.

한 해 동안의 이용 실적 등을 고려하여 그다음 해에 연회비가 면제되거나 새롭게 부과될 수 있다. 따라서 연회비가 비싼 카드를 발급받을 경우에는 연회비 부담과 부가서비스 활용 가능성을 충분히 감안한 후 선택할 필요가 있다.

또 이미 해외겸용 카드 1장을 보유하고 있거나 해외에서 카드를 이용할 계획이 없는 경우에는 해외겸용 카드보다는 연회비가 저렴한 국내전용카드를 선택하는 것이 유리하다.

5. 포인트·할인 혜택 이용조건 숙지

카드 포인트나 할인 혜택을 제대로 활용하기 위해서는 상품 안내장이나 카드사 홈페이지를 통해 포인트 이용조건을 숙지하는 것도 필요하다.

카드사들이 포인트나 할인 혜택 이용에 여러 가지 조건을 붙이는 경우가 많기 때문이다. 특히 '전월 실적 산정 시 제외 대상' 또는 '포인트 적립 제외 대상' 등을 꼼꼼히 확인할 필요가 있다. 예를 들면 청구 할인받은 해당 매출 건 전체에 대해 전월 실적에서 제외하는 경우 할인 혜택 조건을 충족하지 못할 수 있으며, 대학등록금, 무이자 할부, 선불카드 충전금액 등은 포인트 적립 대상에서 제외하는 경우도 많다.

6. 카드 포인트 소멸 전에 챙기기

카드 포인트 유효기간은 통상 5년으로 이 기간이 지날 경우 해당 포인트가 적립된 시점부터 순차적으로 소멸한다.

신용카드 개인회원 표준 약관에 따라 카드사는 포인트가 소멸하기 6개월 전부터 카드대금 청구서 등을 통해 매월 안내하고 있으나 눈여겨보지 않는 것도 사실이다.

포인트로 현금 교환, 교통카드 충전, 사회기부 등 다양하게 활용할 수 있기 때문에 잘만 활용하면 카드를 쓸 때마다 쌓이는 보이지 않는 돈이 될 수 있다.

요즘에는 포인트로 금융 상품에 가입하고 이자까지 받을 수 있기 때문에 현금으로 받는 것이 유리한지, 포인트로 받는 것이 유리한지 따져볼 필요도 있다.

5

대출이자 줄이는 꿀팁

인생에 목돈이 필요한 일은 생긴다.
특히 '내 집 마련'에서 대출은 피할 수 없는 일이다.
길면 20~30년에 달하는 기간을 납부하게 되는 은행 대출에서
금리를 할인받는 것은 재테크를 위해 무엇보다 중요할 수 있다.

1. 대출받는 은행의 금리 감면 조건을 맞춰라

은행들은 대출 약정 시 고객의 예금, 신용·체크카드 이용, 자동이체 등 거래실적에 따라 금리를 감면해 준다.

예를 들어 전월 신용·체크카드 30만 원 이상 이용, 자동이체 2건 이상 출금, 급여이체, 가맹점 대금 입금 등의 조건을 달성하는 것을 전제로 금리를 할인해 주기도 한다.

다른 은행에서 이용 중인 금융거래가 있다면 대출을 받을 은행으로 금융거래를 집중하면 대출이자 부담을 줄일 수 있다.

2. 대출 금액·기간 신중히 결정하자

은행에서 대출을 받은 소비자는 자금을 이용한 날짜만큼 이자를 부담해야 하며, 만약 이자 납부일에 이자를 내지 못한 다면 연체이자를 추가로 부담해야 한다. 또 대출 후 일정 기간이 지나지 않은 상태에서 자금에 여유가 생겨 원금의 일부 또는 전부를 대출 만기 이전에 상환할 경우 중도상환 수수료를 부담하게 된다.

그러므로 대출을 받기 전에 대출금액과 대출 기간, 매월 납입 이자, 원금 상환 가능 금액 등을 꼼꼼히 따져 보고 본인에게 꼭 필요한 자금과 기간만큼만 대출을 받는 것이 대출이자 부담을 줄이는 요령이다.

3. 본인 자금 사정에 맞춰 대출상품 재조정해라

은행들은 대출약정 만기일에 대출금을 상환하지 못한 소비자가 만기일 연장을 요구할 경우 심사를 통해 대출 만기일을 연장하고 있다. 이때 소비자가 다른 대출상품으로 계약 변경을 요청하면 심사를 통해 다른 대출상품으로 계약을 변경해 주기도 한다.

계약 변경의 경우 신규 대출약정과 동일한 기준으로 인지세의 일부 등을 소비자가 부담해야 한다. 만약 대출금 만기일에 대출금을 상환하지 못한다면 대출상품 재조정을 통해 본인의 자금흐름에 맞는 상품으로 대출상품을 변경하면 이자 부담을 줄일 수 있다.

예를 들면, 일반대출보다 0.5%p 정도 금리가 높은 마이너스통장 대출의 만기일을 연장하고자 할 경우 본인의 자금 흐름을 고려하여 만기일시상환 대출과 마이너스통장 대출을 분할 이용하면 대출이자 부담을 일부 줄일 수 있다.

4. 대출금을 갚기 어려울 때는 이자 일부만이라도 납입해라

살다 보면 자금 사정이 여의치 않아 대출을 갚기 힘든 시기도 있을 수가 있다. 이때 은행들은 대출이자 최종 납입일 이후 1개월이 지난 시점에 이자를 내지 않으면 그 다음날부터 미납 이자에 대한 고금리 연체이자를 부과하기 때문에 이자 납입일에 일부 이자만 납입하는 방법을 사용할 수 있다.

일부만 입금이 돼도 최종 납입일이 연장되기 때문에 당장 대출이자가 연체되는 것을 막을 수 있다.

5. 금리 인하 요구권을 적극 활용해라

은행들은 대출을 받고 이용하는 기간 중에도 직위, 연소득, 신용등급 등에 변동이 있는 고객이 대출금리 인하를 요구할 경우 자체 심사를 통해 대출금리 일부를 인하해 주는 '금리인하 요구권' 제도를 운용하고 있다.

그러므로 대출을 받은 후 신용점수 상향에 영향을 줄 수 있는 승진이나 급여 인상 등이 있는 경우, 은행 창구를 방문하거나 인터넷 뱅킹을 통해 금리 인하를 적극 요구해서 이자 부담을 줄일 수 있다.

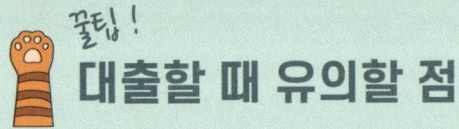

대출할 때 유의할 점

30일간 무이자로 돈을 빌려준다는 대출 업체 광고를 한 번쯤 들어본 적이 있을 것이다. 실제로도 몇 백 정도야 한 달 후 월급을 받아 갚으면 된다는 생각에 많은 사람들이 대출을 받기도 한다. 하지만 불필요한 대출의 유혹에서 벗어나기 위해 대출받기 전 충분히 생각해 보는 것이 필요하다.

1. 정부 지원 대출 상품을 가장 먼저 알아보자

평소 대출 광고나 모집인의 대출 권유를 접한다면 무조건 결정하지 말고 본인의 신용등급을 알아본 다음 저금리 정부 지원 대출 상품을 가장 우선적으로 살펴보는 것이 좋다.

2. 금융권별로, 금융회사별로 대출금리를 비교하자

정부 지원 대출 상품을 이용하기 어렵다면 어느 금융회사에서 대출을 받는 것이 더 유리할지 반드시 비교할 필요가 있다. 금융감독원에서 제공하는 '금융상품 한눈에(http://finlife.fss.or.kr)' 사이트에 들어가면 ▲주택담보대출 ▲전세자금대출 ▲개인신용대출 ▲중금리 신용대출 등 대출 유형에 따라 금융회사별, 신용등급별로 대출 금리를 확인할 수 있다.

3. 상환 능력보다 적게 대출받자

대출을 받을 때는 수입과 지출을 고려해 이자와 원금 상환을 감당할 수 있는지 따져 봐야 한다. 지출을 줄이면 충분히 상환할 수 있다고 생각해 무리하게 대출받는 경우가 많지만, 상환 능력을 과신해 무리하게 대출을 받는다면 가계 살림에 크게 부담을 주어 심리적으로 많은 스트레스를 받을 뿐만 아니라 연체 발생하기 쉽다. 따라서 본인이 생각하는 상환 능력 수준보다 적게 대출받을 필요가 있다. 수입이 갑자기 줄어드는 상황도 발생할 수 있기 때문에 상환 능력보다는 적게 대출받도록 해야 한다.

6

신용점수 확실하게 올리는 꿀팁

2021년부터 그동안 신용등급으로 인해
불이익을 받아온 금융 소비자들을 위해 신용 점수제로 변경됐다.

점수제로 바뀐 신용 평가는 근소한 차이로 등급이 갈려 대출이 거절되는 사례를 줄여준다고 한다. 점수제는 1~10등급까지 나눠진 것을 1~1000점으로 분리하며 1000점에 가까울수록 신용이 높다고 평가된다. 필요할 때 적절하게 사용하도록 자신의 신용정보를 미리 알고 관리하는 것이 중요하다.

1. 한도액 조절 필수

신용카드사에서는 주기적으로 한도 심사가 이루어지고 있다. 이 때문에 한도를 줄이기보다 카드사에서 가능한 최대로 줄 수 있는 한도액에 맞춰 30~50%까지 사용하면 신용점수에 도움을 줄 수 있다.

신용카드는 나이스평가정보 신용점수 기준 680점 이상 또는 코리아크레딧뷰로(KCB) 기준 576점 이상이 돼야 발급받을 수 있다.

2. 체크카드 이용

'신용점수를 받기 위해선 신용카드를 써야 한다.'라고 생각하는 사람들이 많다. 체크카드도 잘 사용하면 신용점수의 가산점을 받는 역할을 해준다. 월 30만 원 이상 6개월 이상 사용하게 될 경우 최소 4~40점까지 받을 수 있다.

체크카드 가점은 신용조회회사가 금융회사 등으로부터 체크카드 사용실적을 통보받아 부여하므로 본인이 별도로 사용실적을 제출할 필요는 없다. 현재 연체 중인 자 또는 연체 경험자, 다중채무자(3개 이상 금융회사에서 대출을 받는 자), 현금서비스 사용자 등은 가점 부여 대상에서 제외되거나 가점 폭이 제한될 수 있다.

3. 오래된 카드는 신중히

사용하는 카드가 많아지면서 개수를 줄이고자 장기간 사용했던 카드를 없애는 분들이 많다. 장기간 사용한 내역이 있는 카드를 없앨 경우 이전 기록들이 없어지는 만큼 계획을 세워 신중하게 해지해야 한다.

4. 밀리는 돈 없게 하기

공과금, 이자 카드 대금, 교통비 등 카드값이 연체되지 않도록 관리하는 것이 중요하다. 카드값이 연체되면 신용점수가 내려갈 수 있다.

한국신용정보원에 등록된 세금·공과금 체납 정보, 한국장학재단의 학자금 대출 연체 정보도 신용점수에 영향을 미친다.

5. 잦은 현금서비스 이용은 위험

현금 서비스는 부채로 잡히는 경우가 많다. 현금 회전력이 부족하다는 인상을 주기 때문에 신용평가에서 '독'이 되는 행동일 수 있으니 정말 필요할 때만 현금서비스를 이용해야 한다.

6. '비금융 정보 반영 신청' 하기

휴대전화 요금, 건강보험료 등 성실 납부 실적 제출 통신요금과 국민연금, 건강보험료, 도시가스·수도요금 등을 6개월 이상 납부한 실적을 제출하면 가점을 받을 수 있다. 비금융 정보를 등록하려면 '나이스지키미', '올크레딧' 홈페이지를 방문하거나 핀테크 업체 등이 제공하는 간편 제출 지원 서비스를 이용하면 된다.

성실납부 기간(6~24개월)이 길수록 가점 폭이 확대되거나 가점받는 기간이 늘어나면서 꾸준히 납부 실적을 제출할 필요가 있다. 가점을 받고 싶다면 직접 신용조회회사 홈페이지에 접속해 '비금융정보 반영 신청'을 해야 한다. 국민연금이나 건강보험료는 본인인증을 거쳐 등록 가능하다.

특히 대학생이나 사회초년생 등 금융거래 실적이 많지 않아 신용정보가 부족한 사람은 이러한 가점 제도를 활용하면 도움이 된다. 앞으로 금감원과 신용 조회사는 공공요금 성실납부자에 대한 가점 폭을 대폭 확대할 예정이다.

7. 학자금 대출은 1년 이상 성실하게 갚자

한국장학재단으로부터 받은 학자금 대출을 연체 없이 1년 이상 성실하게 상환 시 5~45점의 가점을 받을 수 있다. 서민 금융과 마찬가지로 학자금 대출 성실상환에 따른 가점은 신용조회회사가 한국장학재단으로부터 학자금 대출 성실 상환자 명단을 통보받아 반영한다. 본인이 별도로 상환 기록을 제출할 필요는 없다.

7

저축성 보험 가입 시 알아야 할 꿀팁

국민연금 이외도 개인연금을 가입해야 한다는 이야기를 들어본 적 있을 것이다. 하지만 납입이 10년 이상이 되는 장기 상품이다 보니 부담스러운 것도 사실이다.

저축성 보험은 은행 예·적금보다 높은 이율, 이자에 이자가 붙는 복리 구조, 10년 이상 유지 시 이자소득에 대한 세금 15.4%가 면제되는 비과세 혜택을 갖춘 대표적인 '세테크' 상품이다.

보험에 가입하기 전에 각 보험사 상품별 해지 환급률을 비교하고 원금 보장 여부와 추가 납입 및 중도 인출 가능 여부를 확인해야 한다.

1. 보험료 추가납입제도를 활용하면 수익률 유리

저축성 보험에 가입했다면 원래 내기로 한 돈보다 더 많은 돈을 추가해서 넣는 '추가납입제도'를 활용해 수익률을 높일 수 있다.

대부분 보험회사가 저축성 보험 가입 후 추가 저축을 희망하는 가입자를 위해 이미 가입한 보험에 보험료를 추가 납입할 수 있는 '보험료 추가납입제도'를 운용하고 있다. 이러한 추가납입제도를 활용할 경우, 계약 체결비용(모집수수료 등)이 별도로 부과되지 않기 때문에 별도의 저축성 보험에 또 가입하는 경우보다 사업비가 저렴해 가입자에게 유리하다.

즉, 이미 저축성 보험에 가입한 사람이 별도의 저축성 보험에 추가 가입할 경우에는 계약 체결비용 등이 다시 발생해 보험료 추가 납입제도를 활용하는 경우보다 향후 받게 될 환급(보험)금액이 적어지기에 추가납입제도를 활용하는 것이 현명하다. 추가 납입 한도는 일반적으로 보험 가입 후 경과 기간에 따라 점차 증가하므로 얼마를 더 넣을 수 있는지는 보험사에 확인하면 된다.

2. 추가납입은 자동이체로도 가능

추가납입보험료에 대한 자동이체서비스 활용도 가능 저축성 보험에 가입할 때는 보험설계사나 보험회사에 보험료 추가납입제도에 대한 설명을 요구하고 적극 활용할 필요가 있다.

특히, 대부분 보험회사는 추가납입보험료에 대해서도 자동이체서비스를 제공하고 있기 때문에 정기적으로 추가 납입을 원하는 경우 자동이체서비스를 통하여 편리하게 보험료를 추가 납입할 수 있다.

다만 추가납입을 아무리 많이 해도 추가납입보험료에는 위험(사망 등)을 보장하는 보험료(위험 보험료)가 포함돼 있지 않기 때문에 사망 등 보험사고 시 지급되는 보험금은 계약 체결 시 약정된 가입 금액 이상으로 증가하지는 않는다.

3. 급한 돈이 필요할 땐 중도인출을 활용

갑자기 급하게 돈이 필요할 때 보험을 해지하거나 보험 약관대출을 하기보다는 중도인출 제도를 이용하면 된다. 중도인출은 보험상품에 따라 일정한 한도 내에서 그동안 쌓아두었던 적립금의 일부를 먼저 찾아 쓸 수 있도록 한 제도이다.

물론 이 경우 인출을 한 만큼 적립금이 줄어들고 추후 받을 돈도 줄어든다.

하지만 장기간 목돈이 필요하고, 이자 부담이 느껴진다면 중도인출이 유리하다 어차피 내 돈이기 때문에 갚지 않아도 되기 때문이다.

흔히 '약관대출'이라고 부르는 보험계약대출은 가입한 보험을 담보로 돈을 빌리는 것으로 해지환급금의 50~90%까지 빌릴 수 있지만 통상 대출받은 상품의 공시이율보다 높은 대출 이자를 내야 한다. 보험계약이 끝나기 전에 빌린 돈을 갚지 못하면 보험사는 계약을 해지하거나 보험금을 지급할 때 대출 원금과 이자를 공제한다.

마지막으로 소비자가 중도에 계약을 해지할 경우, 해지환급금이 납입금액보다 적기 때문에 무조건 손해를 보게 된다. 특히 연금수령이 아닌 중도해지를 하게 되면 16.5%의 높은 세금을 내야 해서, 안 그래도 납입 금액보다 적은 금액을 받게 되는데 이자까지 내야 하는 억울한 상황에 놓이게 된다.

4. 보험 중도해지 말고 유지할 수 있는 제도 찾기

피치 못할 사정이 생기거나 질병, 실직 등으로 인해 보험료를 더 이상 낼 수 없을 때 사용할 수 있는 제도가 있다.

보험료 납입 유예는 일정 기간 보험료를 납입하지 않고 보험계약을 유지하는 제도이며, 감액제도는 보험가입금액의 보장금액을 줄이고 보험료를 낮추어 보험계약을 유지하는 것이다. 또 감액 완납제도는 경제사정으로 보험료 납입이 어려운 경우 앞으로 낼 보험료 납입을 중단하고 새로운 보험가입금액을 결정하여 보험료를 완납함으로써 계약을 유지하는 제도이다.

해지환급금 범위 안에서 회사가 정한 방법에 따라 매월 보험료에 해당하는 금액이 보험계약 대출금으로 처리되는 자동대출납입제도, 일정한 한도 안에서 그동안 쌓아두었던 적립금의 일부를 먼저 찾아 쓸 수 있는 중도인출 제도 등도 있다.

5. 연말공제를 받으면 연금을 받을 때 세금을 내야 한다.

연금저축보험은 연말정산에서 세액공제(13.2~16.5%)를 받을 수 있다. 다만 실제 연금을 받을 때는 연금소득세(3.3%~5.5%)

를 내야 한다는 사실 기억해야 한다.

만약 연금수령 기간을 짧게 설정해 연간 연금수령액이 1200만 원을 넘으면 초과한 금액에 대해서는 연금소득세(5.5%)보다 세율이 높은 기타소득세(16.5%)가 부과된다.

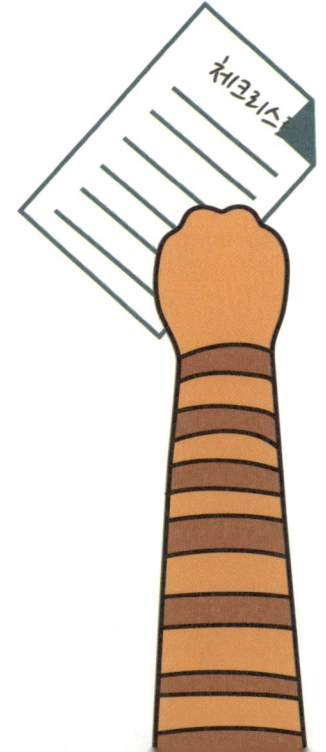

8

금융 상품을 이용하다
억울한 일을 당했을 경우

어느 날 카드 청구서를 봤는데, 내가 가입하지 않은
리볼빙 서비스가 신청되어 수수료가 지급되고 있었다!
이럴 때 어떻게 해야 할까?

리볼빙 서비스는 '일부결제금액이월약정'으로 신용카드 결제 금액 중 일부만 먼저 내고 나머지는 미뤄 갚을 수 있는 서비스이다.

당장 결제를 적게 해도 되지만 수수료가 최저 5%부터 최대 23.9%까지 육박한다. 배보다 배꼽이 큰 셈이다.

카드 결제를 할 때마다 '리볼빙 서비스를 이용하면 캐시백을 준다.'는 유혹의 광고를 본 적이 있지 않나?

모르고 터치해서 리볼빙 서비스를 이용하게 되는 경우도 있다.

이런 경우, 우선 해당 카드사 고객센터에 문의를 하고 해결되지 않는다면 다음의 순서대로 해보자.

1. 금융감독원 콜센터 '1332' 통해 상담

금융감독원은 '콜센터 1332'를 통해 은행, 보험, 증권 등 금융 전반에 대한 금융상담 서비스를 제공하고 있다. 전국 어디서나 국번 없이 1332로 전화하면 금융회사에 대한 불만, 피해는 물론 보이스피싱 등과 같은 금융사기 피해에 대한 상담서비스도 이용할 수 있다.

금융상담 서비스는 전화 이외에 방문상담, 인터넷 및 모바일을 통해서도 가능하다. 금융 피해 상담 외에 서민금융 지원 및 금융자문(자산, 부채관리 등)과 관련된 상담도 받을 수 있다.

2. 금감원 상담으로도 답이 없으면 민원 접수

금융감독원은 '금융상담 서비스' 외에 '금융민원 처리 서비스'를 제공한다. 금융상담을 통해 해결되지 않거나 구체적인 사실관계 확인이 필요한 문제가 있는 경우 '금융민원 처리 서비스'를 통해 보다 상세한 답변을 받을 수 있다.

민원을 접수하면 금융회사를 거치지 않은 민원은 민원인과 금융회사 간 자율조정을 거치고 이미 금융회사를 거친 민원이나 자율조정을 통해 해결되지 않은 민원은 금융감독원이 직접 처리한다.

민원 접수는 인터넷, 우편, FAX 및 방문(여의도 본원, 전국 11개 지원)을 통해 가능하고 인터넷을 이용할 경우 간편하게 민원을 접수할 수 있으니 참고하자.

3. 특수 민원은 금융협회에서 처리

자동차 과실비율 등 특수 민원은 손해보험협회, 금융투자협회, 여신금융협회에서는 일부 민원에 대해 자율조정을 하고 불법행위에 대해 신고를 받고 있다.

손해보험협회는 자동차 사고 과실비율에 대해 당사자 간 합의가 이루어지지 않거나 제삼자의 전문적인 판단이 필요한 경우 과실비율을 심의하고 있으며, '구상금분쟁심의위원회'에 심의가 청구되면 변호사로 구성된 심의 위원이 분쟁 당사자들이 제출한 자료를 근거로 과실비율을 심의·결정한다.

금융투자협회는 분쟁조정위원회를 통해 금융상품 불완전판매 등 금융투자회사의 영업행위와 관련된 분쟁을 조정하고 있다. 여신금융협회에서는 신용카드 가맹점의 부당행위, 신용카드 불법모집 등에 대해 신고를 받고 있으며, '구상금분쟁심의위원회'의 심의 당사자는 양측 보험회사이기 때문에 과실비율에 대한 분쟁이 있는 경우 보험회사를 통해 심의를 청구할 수 있다.

4. 소송 제기 전 금감원 분쟁 조정 기능 활용

보험금 과소 또는 미지급, 불완전판매로 인한 손실보상 등 과같은 금융거래와 관련한 분쟁이 있으면 금융소비자는 소송 제기 전 언제든 금감원에 분쟁조정을 신청할 수 있다. 이 제도를 이용하면 복잡한 분쟁에 대한 금융전문가의 조언과 도움을 받을 수 있으며 비용 부담이 없고 소송 제기와 비교해 짧은 기간 내에 처리결과를 확인할 수 있다. 금융 분쟁 조정은 소비자와 금융회사 간 다툼이 발생한 경우 합리적인 해결 방안을 제시해 당사자 간의 합의에 따른 원만한 분쟁 해결을 도모하기 위해 운영되는 법률상 제도이다.

5. 최종 수단으로 민사소송 제기

금융 분쟁 조정을 통해서도 해결되지 못한 민원 또는 분쟁에 대해서는 민사소송을 통해 최후의 수단으로 피해 구제가 가능하다. 변호사와 같은 전문가의 도움을 받을 수 없다면 법원 홈페이지 '전자소송'을 이용하여 직접 소장 제출이 가능하며 소송에 필요한 각종 서식은 '나홀로 소송' 메뉴에서 구할 수 있다. 또 대한법률구조공단에서는 경제적으로 어렵거나 법을 잘 모르는 국민들을 위해 법률상담, 변호사 소송대리 등의 법률적 지원을 하고 있으니 도움을 받을 수 있다.

5장, 모르면 멘붕 오는 주거 상식

세입자의 서러움!
물어볼 곳도 없는 주거 법률 꿀팁

1. 부동산 계약 시 필수 확인 '등기부등본 보는 법'

2. 전월세 임대차계약, 잔금 지급 시 '유의사항 5가지'

3. 단순 변심 계약해제 시 집 계약금 돌려받을 수 있을까?

4. 도배해 준다던 집주인의 달라진 말 '계약 해지' 사유될까?

5. 등기 없는 옥탑방, 전세 계약 해도 괜찮을까?

6. 몰래 키우던 반려동물! 집주인에게 들키면 쫓겨날까?

7. 확정일자 적힌 월세계약서 분실 시, 간편하게 되찾는 방법은?

8. 전월세 상한제로 세입자 권리 지킬 수 있는 방법

9. 집주인이 여러 명! 계약서 작성법은?

10. 입주 직전 계약 시 없던 저당권 발견! '계약 해제·보증금 반환' 가능할까?

11. '보증금 보호법' 전세보증보험, 가입 시 주의사항은?

12. 집주인이 전세보증금 올려달래요. 전세보증금 증액 계약 시 주의! 확정일자를 새로 받아야 할까?

13. 확정일자와 근저당권이 같은 날 설정되면 어떤 것이 우선 변제받을까?

14. 무주택 세대주, 세대주 분리 방법 '한 번에 뽀개기'

1

부동산 계약 시 필수 확인 등기부등본 보는 법

보통 중개사가 부동산 계약을 중개할 경우에는
법률적인 내용을 다 알지 않더라도 중개사의
도움을 얻어 관련 내용을 확인할 수 있다.
하지만 중개사 없이 혼자서 임대차계약을 진행하게 된다면
직접 등기부등본을 확인해야 한다.
어떤 항목을 주의 깊게 살펴봐야 할까?

• Q & A •

필수로 확인해야 한다는 부동산 등기부등본, 어떻게 보는 걸까?

보통 중개사가 중개할 경우에는 등기부등본을 미리 출력해서 보여주고 필요한 부분에 대해 설명도 해주기 때문에 스스로 법률적인 내용을 다 알지 않더라도 중개사의 도움을 얻어 확인할 수 있다. 그렇지 못할 경우 거주지역 인근 등기소에 방문하거나 대한민국 법원 인터넷등기소(http://www.iros.go.kr/)사이트에 들어가 스스로 등기부등본을 확인해야 한다.

등기부등본의 항목은 크게 등기번호, 표제부, 갑구, 을구 이렇게 4가지로 나눠서 살펴볼 수 있다. 가장 주의 깊게 보셔야 될 부분은 갑구/을구가 표시된 부분으로 어떤 내용이 담겨 있는지 자세히 살펴보자.

√ 등기부등본 구성

1. 등기번호

2. 표제부

부동산 소재지와 상태를 보여주는 표제부에서 계약서상 주소와 실거주 예정 주소가 일치하는지 확인한다.

3. 갑구

갑구는 소유권에 관한 사항이 기재되어 있어 집의 소유주가 누구인지 확인할 수 있다. 만약 집의 소유주가 여러 명이라면 여러 명의 이름이 기재가 되고 그 옆에 지분이 표기되기 때문에 누가 얼마의 지분을 가지고 있는지, 과반수 지분권자는 누구인지 확인할 수 있다.

이외에 *가등기, *가압류 등기, *가처분 등기, 예고등기, 압류등기, 환매등기, 경매 기입등기 등이 표시된다 만약 가압류, 가처분 등이 기재되어 있을 경우 다른 물건을 알아보거나 이 사항들이 말소된 후 계약을 체결하는 것이 좋다.

4. 을구

을구는 소유권 이외의 부동산 권리 사항인 저당권, 전세권, 지역권, 지상권 등을 알 수 있다. 특히 저당권이 설정되어 있다면 전문가에게 자문을 요청하는 등 신중하게 접근하는 것이 좋다.

대표적으로 알 수 있는 것은 저당권은 주택담보대출이 있다.

집주인이 이 집을 담보로 은행에서 대출을 받은 것을 뜻한다. 만약 은행이 저당권을 설정한 상태에서 집주인이 은행의 채무를 갚지 못할 경우 집이 경매에 넘어갈 수 있다. 집주인이 채무를 갚지 못해 집이 경매로 넘어갈 경우 내 보증금을 온전히 회수할 수 없을 수도 있으니 주의해야 한다.

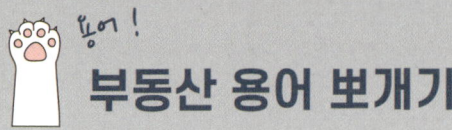
부동산 용어 뽀개기

✓ **가등기** : 본등기를 할 수 있는 법적 요건을 갖추지 못한 경우, 장래의 본등기 순위를 확보하기 위해 임시로 하는 등기

✓ **가압류** : 채무자의 재산을 압류하여 현상을 보전하고, 그 변경을 금지하여 장래의 강제집행을 보전하는 절차

✓ **가처분** : 법원의 재판으로 어떤 행위를 임시로 요구하는 것

✓ **저당권** : 채권자가 채무자 또는 제삼자로부터 점유를 옮기지 않고, 그 채권의 담보로 제공된 목적물(부동산)에 대하여 일반 채권자에 우선하여 변제를 받을 수 있는 약정담보물권

✓ **지상권** : 타인의 토지에 건물, 기타의 공작물이나 수목을 소유하기 위하여 그 토지를 사용할 수 있는 물권

✓ **근저당권** : 일정 기간 동안 증감 변동할 불특정의 채권을 결산기에 최고액을 한도로 담보하기 위한 저당권

2

전월세 임대차계약, 잔금 지급 시 '유의사항 5가지'

보통 잔금을 지급할 때 전입신고와 확정일자를
받으라는 말을 많이 듣는다.
세부적으로는 총 다섯 가지 유의사항이 존재한다.
잔금 지급 시 확인해야 할 유의사항에는 어떤 것이 있을까?

• Q & A •

임대차계약 체결 후 잔금 지급 시
확인할 사항에는 어떤 게 있나요?

임대차계약을 체결하기 위해 계약금과 중도금까지 지불했다면 이제 잔금만 남는다. 잔금을 지불하게 되면 최종적으로 계약이 성립되기 때문에 마지막으로 해당 부동산과 서류를 다시 한번 꼼꼼하게 살펴봐야 한다. 어떤 것들을 확인해보자.

1. 부동산 등기부등본 재확인

소유자가 변경되는 경우도 있을 수 있고 새로운 저당권이 설정될 수도 있다. 잔금지급일을 기준으로 했을 때 부동산등기부 등본을 다시 한번 출력을 해서 권리관계가 이전에 계약을 체결했을 때와 변경된 부분이 있는지 확인해 봐야 한다. 임대차계약 체결 시 총 3번은 등기부등본을 확인하는 것이 좋다.

등기부등본 언제 확인하나요?

1. 계약 체결 전
주택의 실제 소유·권리관계 확인한다.

2. 잔금 지급일
이전의 내용이 유지되는지, 저당권 등 다른 담보권이 없는지 다른 권리관계의 변동은 없는지 확인한다.

3. 잔금 지급 뒤
이전의 내용이 유지되는지 특히 담보물권, 저당권 등이 새로 설정된 것은 없는지 확인한다.

2. 임대인 명의의 계좌로 잔금 지급

언론 보도로 접하는 임대차 사기, 전세 사기 문제 중 하나는 임대인이 아닌 대리인의 계좌로 잔금을 지급하면서 발생하는 문제들이 많다.

임대인의 계좌로 잔금을 지급하는 것이 원칙인데, 만약에 임대인이 아닌 대리인의 계좌로 잔금을 받고 싶다고 하면 대리인이 적법하게 권한을 위임받은 사람인지 위임장을 통해 확인해야 한다. 이때 위임장에는 임대차계약의 체결 권한과 잔금을 수령할 권한이 있는지 명확히 기재되어 있어야 하며, 위임장만으로 안심이 되지 않는다면 특약사항으로 기재한다.

특약사항 문구

잔금은 임대인이 아닌 대리인 OOO에게 지급한다.

3. 입주 전 집의 상태 확인

보통 침대, 옷장, 냉장고 등 짐이 있는 상태에서 집을 보고 계약한다. 가려진 부분은 확인을 할 수가 없기 때문에 잔금을 지급해서 집을 인도받게 되면 곰팡이가 있는지 누수 자국이 있는지 등을 확인해 사진을 찍고 임대인과 중개사에게 알려야 한다. 이런 부분은 내 과실이 아니다는 것을 알려 추후 다시 이사를 갈 때 발생할 수 있는 분쟁을 사전에 예방할 수 있다.

4. 전입신고 하기

잔금 지급 후 집을 인도받은 그날 신분증을 들고 주민센터를 방문하거나 정부24을 통해 전입신고를 해야 한다. 주택임대차 보호법상의 대항력을 갖기 위해서인데 전입신고를 하지 않으면 주택임대차보호법상 임차인을 보호할 수 있는 권리들을 행사할 수 없다.

대항력이란?

새로 집주인이 변경된다거나 집이 경매로 넘어가게 되거나 하는 경우 내 보증금을 안전하게 지키고 계약기간 동안 거주를 보장해 주는 권리를 말한다.

보통의 계약관계에서는 제삼자에게 그 효력을 주장할 수 없지만 전입신고라는 요건을 충족하면 임차인의 대항력을 법적으로 인정해 주기 때문에 제삼자(새로운 집주인)에게도 계약의 효력을 주장할 수 있으며 다시 계약을 체결할 필요가 없다.

대항력 및 우선변제권 확보

1. 임차인이 주택의 인도와 주민등록을 마친 때에는 그 다음날부터 제삼자에게 임차권 주장할 수 있고, 계약서에 확정일자까지 받으면, 후순위권리자나 그 밖의 채권자에 우선하여 변제받을 수 있다.

✓ 임차인은 최대한 신속히 ① 주민등록과 ② 확정일자를 받아야 하고, 주택의 점유와 주민등록은 임대차 기간 중 계속 유지하고 있어야 한다.

> 2. 등기사항 증명서, 미납국세, 다가구주택 확정일자 현황 등 반드시 확인하여 우선순위 담보권자가 있는지, 있다면 금액이 얼마인지를 확인하고 계약 체결 여부를 결정해야 보증금을 지킬 수 있다.
> ※ 미납국세와 확정일자 현황은 임대인의 동의를 받아 임차인이 관할 세무서 또는 관할 주민센터등기소에서 확인하거나, 임대인이 직접 납세증명원이나 확정일자 현황을 발급받아 확인시켜 줄 수 있다.

5. 확정일자 받기

전입신고를 했다고 모든 절차가 끝나는 것은 아니다. 임대차계약서가 작성된 계약 일자를 법적으로 증거할 수 있는 효력을 부여하는 확정일자를 받아야 한다. 확정일자는 주민센터에 임대차계약서를 가져가서 받아도 되고 대법원 인터넷 등기소 사이트를 이용해 받을 수도 있다. 온라인으로 확정일자를 받을 때도 주민센터를 방문했을 때와 마찬가지로 임대차계약서 스캔본(jpg 또는 pdf)파일이 필요하니 미리 준비하자.

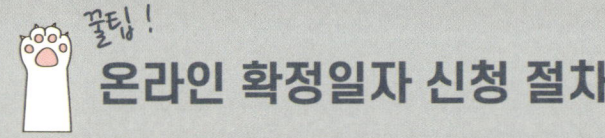

꿀팁! 온라인 확정일자 신청 절차

1. 공인인증서 발급

✓ 주의사항

① 신청서 제출 전 인증서 만기 여부를 반드시 확인하고, 만기가 임박한 경우 갱신 후 제출한다.

② 이미 제출한 경우라면, 확정일자 부여 확인 전까지 절대 인증서 갱신을 하면 안 된다.

2. 대법원 인터넷 등기소 회원가입

3. 로그인

4. 신청서 작성

✓ 기본 정보 입력 : 계약 구분과 주택의 소재지, 부동산등기 소재지 등을 확인하고 입력한다.

✓ 계약 정보 입력 : 임대차 정보와 임대인/임차인 정보를 입력한다.

✓ **신청인 정보 입력** : 신청인 정보를 입력하고 임대차계약증서를 스캔 또는 첨부한다.

5. 첨부서류 스캔 및 등록

온라인 확정일자를 부여받고자 하는 임대차계약증서를 스캔해 PDF 형식의 파일로 등록한다.

6. 신청수수료 전자결제

7. 신청서 제출

결제 완료 후 신청서 제출 대기 목록에서 제출대상 신청서를 선택하고 신청서 제출 버튼을 클릭하여 최종 신청 내용을 확인한 다음 인증서를 이용하여 전자서명을 한다.

8. 온라인 확정일자 발급

✓ 온라인으로 확정일자가 부여된 계약증서는 인터넷 등기소를 이용해 발급이 가능하다.
✓ 온라인 확정일자 신청 후 신청인 본인이 최초 1회 발급하는 경우 발급 수수료 없이 발급 가능하다.
✓ 최초 발급 후 24시간 이내에 횟수 제한 없이 출력이 가능하다.

3

단순 변심 계약 해제 시
집 계약금 돌려받을 수 있을까?

집을 계약한 뒤 더 좋은 집을 발견하는 경우가 있다.
계약을 해지하고 계약금을 돌려받아
새로운 집으로 이사 갈 수 있을까?

• Q & A •

집을 계약했는데 더 조건 좋은 다른 집으로 갈아타고 싶어요!
계약 해제 시 계약금을 돌려받을 수 있을까요?

이런 경우 굉장히 많다. 결론부터 말하자면 계약금을 돌려받을 수 없다. 공인중개사를 통해 계약을 체결할 때 주택임대차표준계약서를 받게 되는데 제5조 계약의 해제라는 내용에 근거해 임차인의 입장에서는 계약금을 포기해야 한다.

> **주택임대차표준계약서**
>
> 제5조(계약의 해제)
> 임차인이 임대인에게 중도금(중도금이 없을 때는 잔금)을 지급하기 전까지, 임대인은 계약금의 배액을 상환하고, 임차인은 계약금을 포기하고 이 계약을 해제할 수 있다.

그렇다고 계약금을 돌려받을 방법이 전혀 없는 것은 아니다. 특약을 활용하는 방법이다. 계약을 해제하더라도 계약금을 반환받을 수 있다는 내용을 특약으로 담으면 계약 해제 시 계약금을 반환받을 수 있다. 다만 이런 내용을 특약으로 담아 줄 수 있는 집주인이 드물다는 점에서 처음 집을 계약할 때 신중하게 선택하는 것이 좋을 것 같다.

주택임대차계약이 무엇인지 몰라서 답답한 사람들을 위해 법무부에서 만든 주택임대차계약서를 확인해보자.

이 계약서는 법무부가 국토교통부·서울시 및 관련 전문가들과 함께 민법, 주택임대차보호법, 공인중개사법 등 관계법령에 근거하여 만들었습니다. 법의 보호를 받기 위해 【중요확인사항】(별지1)을 꼭 확인하시기 바랍니다.

주택임대차표준계약서

☐ 보증금 있는 월세
☐ 전세 ☐ 월세

임대인( )과 임차인( )은 아래와 같이 임대차 계약을 체결한다

[임차주택의 표시]

소재지	(도로명주소)				
토 지	지목		면적		㎡
건 물	구조·용도		면적		㎡
임차할부분	상세주소가 있는 경우 동·층·호 정확히 기재		면적		㎡
계약의종류	☐ 신규 계약 ☐ 합의에 의한 재계약 ☐ 「주택임대차보호법」 제6조의3 계약갱신요구권 행사에 의한 갱신계약 * 갱신 전 임대차계약 기간 및 금액 계약 기간: . . . ~ . . . 보증금: 원, 차임: 월 원				

미납 국세·지방세	선순위 확정일자 현황	확정일자 부여란
☐ 없음 (임대인 서명 또는 날인 인)	☐ 해당 없음 (임대인 서명 또는 날인 인)	※ 주택임대차계약서를 제출하고 임대차 신고의 접수를 완료한 경우에는 별도로 확정일자 부여를 신청할 필요가 없습니다.
☐ 있음(중개대상물 확인·설명서 제2쪽 Ⅱ. 개업공인 중개사 세부 확인사항 '⑨ 실제 권리관계 또는 공시되지 않은 물건의 권리사항'에 기재)	☐ 해당 있음(중개대상물 확인·설명서 제2쪽 Ⅱ. 개업공인중개사 세부 확인사항 '⑨ 실제 권리관계 또는 공시되지 않은 물건의 권리사항'에 기재)	

[계약내용]

제1조(보증금과 차임) 위 부동산의 임대차에 관하여 임대인과 임차인은 합의에 의하여 보증금 및 차임을 아래와 같이 지불하기로 한다.

보증금	금	원정(₩)			
계약금	금	원정(₩)은 계약시에 지불하고 영수함. 영수자 (인)			
중도금	금	원정(₩)은 년 월 일에 지불하며			
잔 금	금	원정(₩)은 년 월 일에 지불한다			
차임(월세)	금	원정은 매월 일에 지불한다(입금계좌:)			

제2조(임대차기간) 임대인은 임차주택을 임대차 목적대로 사용·수익할 수 있는 상태로   년   월   일까지 임차인에게 인도하고, 임대차기간은 인도일로부터   년   월   일까지로 한다.

제3조(입주 전 수리) 임대인과 임차인은 임차주택의 수리가 필요한 시설물 및 비용부담에 관하여 다음과 같이 합의한다.

수리 필요 시설	☐ 없음 ☐ 있음(수리할 내용:)
수리 완료 시기	☐ 잔금지급 기일인 년 월 일까지 ☐ 기타 ( )
약정한 수리 완료 시기까지 미 수리한 경우	☐ 수리비를 임차인이 임대인에게 지급하여야 할 보증금 또는 차임에서 공제 ☐ 기타

제4조(임차주택의 사용·관리·수선) ① 임차인은 임대인의 동의 없이 임차주택의 구조변경 및 전대나 임차권 양도를 할 수 없으며, 임대차 목적인 주거 이외의 용도로 사용할 수 없다.
② 임대인은 계약 존속 중 임차주택을 사용·수익에 필요한 상태로 유지하여야 하고, 임차인은 임대인이 임차주택의 보존에 필요한 행위를 하는 때 이를 거절하지 못한다.
③ 임대인과 임차인은 계약 존속 중에 발생하는 임차주택의 수리 및 비용부담에 관하여 다음과 같이 합의한다. 다만, 합의되지 아니한 기타 수선비용에 관한 부담은 민법, 판례 기타 관습에 따른다.

임대인부담	(예컨대, 난방, 상·하수도, 전기시설 등 임차주택의 주요설비에 대한 노후·불량으로 인한 수선은 민법 제623조, 판례상 임대인이 부담하는 것으로 해석됨)
임차인부담	(예컨대, 임차인의 고의·과실에 기한 파손, 전구 등 통상의 간단한 수선, 소모품 교체 비용은 민법 제623조, 판례상 임차인이 부담하는 것으로 해석됨)

④ 임차인이 임대인의 부담에 속하는 수선비용을 지출한 때에는 임대인에게 그 상환을 청구할 수 있다.

제5조(계약의 해제) 임차인이 임대인에게 중도금(중도금이 없을 때는 잔금)을 지급하기 전까지, 임대인은 계약금의 배액을 상환하고, 임차인은 계약금을 포기하고 이 계약을 해제할 수 있다.

제6조(채무불이행과 손해배상) 당사자 일방이 채무를 이행하지 아니하는 때에는 상대방은 상당한 기간을 정하여 그 이행을 최고하고 계약을 해제할 수 있으며, 그로 인한 손해배상을 청구할 수 있다. 다만, 채무자가 미리 이행하지 아니할 의사를 표시한 경우의 계약해제는 최고를 요하지 아니한다.

제7조(계약의 해지) ① 임차인은 본인의 과실 없이 임차주택의 일부가 멸실 기타 사유로 인하여 임대차의 목적대로 사용할 수 없는 경우에는 계약을 해지할 수 있다.

② 임대인은 임차인이 2기의 차임액에 달하도록 연체하거나, 제4조 제1항을 위반한 경우 계약을 해지할 수 있다.

제8조(갱신요구와 거절) ① 임차인은 임대차기간이 끝나기 6개월 전부터 2개월 전까지의 기간에 계약갱신을 요구할 수 있다. 다만, 임대인은 자신 또는 그 직계존속·직계비속의 실거주 등 주택임대차보호법 제6조의3 제1항 각 호의 사유가 있는 경우에 한하여 계약갱신의 요구를 거절할 수 있다.
※ 별지2) 계약갱신 거절통지서 양식 사용 가능

② 임대인이 주택임대차보호법 제6조의3 제1항 제8호에 따른 실거주를 사유로 갱신을 거절하였음에도 불구하고 갱신 요구가 거절되지 아니하였더라면 갱신되었을 기간이 만료되기 전에 정당한 사유 없이 제3자에게 주택을 임대한 경우, 임대인은 갱신거절로 인하여 임차인이 입은 손해를 배상하여야 한다.

③ 제2항에 따른 손해배상액은 주택임대차보호법 제6조의3 제6항에 의한다.

제9조(계약의 종료) 임대차계약이 종료된 경우에 임차인은 임차주택을 원래의 상태로 복구하여 임대인에게 반환하고, 이와 동시에 임대인은 보증금을 임차인에게 반환하여야 한다. 다만, 시설물의 노후화나 통상 생길 수 있는 파손 등은 임차인의 원상복구의무에 포함되지 아니한다.

제10조(비용의 정산) ① 임차인은 계약종료 시 공과금과 관리비를 정산하여야 한다.

② 임차인은 이미 납부한 관리비 중 장기수선충당금을 임대인(소유자인 경우)에게 반환 청구할 수 있다. 다만, 관리사무소 등 관리주체가 장기수선충당금을 정산하는 경우에는 그 관리주체에게 청구할 수 있다.

제11조(분쟁의 해결) 임대인과 임차인은 본 임대차계약과 관련한 분쟁이 발생하는 경우, 당사자 간의 협의 또는 주택임대차분쟁조정위원회의 조정을 통해 호혜적으로 해결하기 위해 노력한다.

제12조(중개보수 등) 중개보수는 거래 가액의 _____% 인 _____원(□ 부가가치세 포함 □ 불포함)으로 임대인과 임차인이 각각 부담한다. 다만, 개업공인중개사의 고의 또는 과실로 인하여 중개의뢰인간의 거래행위가 무효·취소 또는 해제된 경우에는 그러하지 아니하다.

제13조(중개대상물확인·설명서 교부) 개업공인중개사는 중개대상물 확인·설명서를 작성하고 업무보증관계증서 (공제증서등) 사본을 첨부하여 _____ 년 _____ 월 _____ 일 임대인과 임차인에게 각각 교부한다.

[특약사항]

- 주택 임대차 계약과 관련하여 분쟁이 있는 경우 임대인 또는 임차인은 법원에 소를 제기하기 전에 먼저 주택임대차 분쟁조정위원회에 조정을 신청한다 (□ 동의   □ 미동의)

   ※ 주택임대차분쟁조정위원회 조정을 통할 경우 60일(최대 90일) 이내 신속하게 조정 결과를 받아볼 수 있습니다.

- 주택의 철거 또는 재건축에 관한 구체적 계획 (□ 없음   □ 있음 ※공사시기 : _____   ※ 소요기간 : _____ 개월)
- 상세주소가 없는 경우 임차인의 상세주소부여 신청에 대한 소유자 동의여부 (□ 동의   □ 미동의)

본 계약을 증명하기 위하여 계약 당사자가 이의 없음을 확인하고 각각 서명날인 후 임대인, 임차인, 개업공인중개사는 매 장마다 간인하여, 각각 1통씩 보관한다.   년   월   일

임대인	주 소						서명 또는 날인인
	주민등록번호			전 화		성 명	
	대 리 인	주 소		주민등록번호		성 명	
임차인	주 소						서명 또는 날인인
	주민등록번호			전 화		성 명	
	대 리 인	주 소		주민등록번호		성 명	
개업공인중개사	사무소소재지			사무소소재지			
	사 무 소 명 칭			사 무 소 명 칭			
	대 표	서명 및 날인	인	대 표	서명 및 날인		인
	등 록 번 호		전화	등 록 번 호		전화	
	소속공인중개사	서명 및 날인	인	소속공인중개사	서명 및 날인		인

주택임대차 관련 분쟁은 전문가로 구성된 대한법률구조공단, 한국토지주택공사, 한국부동산원, 지방자치단체에 설치된 주택임대차분쟁조정위원회에 신속하고 효율적으로 해결할 수 있습니다.

4

도배해 준다던 집주인의 달라진 말 '계약 해지' 사유될까?

계약 전 도배 등 집수리를 해주기로 했는데
막상 계약을 하고 나니까 집주인이 말을 바꾸는
상황 경험을 경험한 적이 있는가?
화가 나서 계약을 해지하고 싶은 마음도 든다.
이 경우 계약을 해지할 수 있을지 알아보자.

• Q & A •

집주인이 도배를 새로 해준다고 했다가 말을 바꿨어요.
도배와 장판을 새로 해주지 않으면 계약 해지할 수 있을까요?

장판과 도배를 해주겠다는 구두 약속만 있고 특약을 작성하지 않은 상태에서 계약이 체결됐는데 집주인이 갑자기 말을 바꿔서 도배와 장판을 해주지 않겠다고 말을 한다고 해도 계약을 해지의 사유가 되지는 않는다.

구두 약속은 법적 효력을 갖지 못하기 때문에 반드시 특약을 작성해야 한다. 이와 같은 상황에서는 특약에 입주 전까지 장판과 도배를 해주겠다는 내용을 담아야 한다. 특약은 말 그대로 당사자가 합의한 내용을 자유롭게 그대로 적을 수 있기 때문에 잘 활용하는 것이 중요하다.

특약은 어떻게 작성하는 걸까? 특약은 주택임대차표준계약서를 작성할 때 맨 아래쪽을 보면 특약사항 공란이 있는데 그 공백에 당사자간 합의한 내용을 적으면 된다.

주택임대차표준계약서 특약사항 예시

[특약사항]

상세주소가 없는 경우 임차인의 상세주소 부여 신청에 대한 소유자 동의 여부 (□ 동의 □ 미동의)

00년 00월 00일 이사 오기 전까지 도배와 장판을 해준다.

도배나 장판 등 집주인과 합의된 내용이 있다면 서로 얼굴 붉히지 말고 주택임대차표준계약서 내 특약사항을 활용하면 좋을 것 같다.

5

등기부등본에 없는 옥탑방,
전세 계약해도 괜찮을까?

누구나 한 번쯤 꿈꿔보는 옥탑방 자취에 대한 로망,
하지만 등기부등본이 등록되지 않은 방은 계약에 주의해야 한다.
옥탑방 전세 계약을 할 때
필수로 살펴봐야 하는 항목은 어떤 것이 있을까?

• Q & A •

옥탑방을 계약하려는데 등기가 되지 않은
방인 경우 진행해도 괜찮을까요?

> 먼저 옥탑방이 다가구주택에 위치해있는지 다세대 주택에 위치해 있는지 확인해야 한다.

다가구주택은 단독주택으로 생각하면 된다. 편의상 호실이 나뉘긴 하지만 각 호실별로 별도로 등기가 되어있지 않고 그 건물이 통으로 하나의 등기로 되어있다. 그런 경우에는 옥탑방이 당연히 구분등기가 되지 않기 때문에 그 등기부 상의 소유자와 계약을 체결하면 문제가 되지 않는다.

다세대주택에 있는 옥탑방이라면 계약을 하지 않는 것이 좋다. 다세대주택은 빌라를 생각하면 되는데 각 호실마다 소유자가 구분등기가 가능하다. 각 호실마다 소유자가 다르다는 뜻으로 옥탑방도 구분등기가 가능하고 등기사항전부증명서를 발급받을 수 있다. 그런데 등기가 되어있지 않다는 것은 건물의 소유관계를 확인할 수가 없는 것은 물론 불법 건축물일 가능성이 높다.

다가구주택과 다세대주택이 굉장히 헷갈리시는 분들도 많을 것 같은데, 쉽게 구분할 수 있는 방법이 있다. 건축물대장을 확인해 보면 된다. 건축물대장을 보면 다세대주택인지 다가구주택인지 표기되어 있다.

옥탑방 임대차계약을 하려고 하는데 다가구주택인지 다세대주택인지 정확하게 잘 모르겠다면 인터넷 정부24사이트(https://www.gov.kr)에서 건축물대장을 발급받아서 확인한 후에 계약을 진행하길 바란다. 건축물대장은 인터넷, 방문, FAX, 우편, 모바일에서 별도의 구비서류 없이 확인할 수 있으며 인터넷 발급(열람) 시에만 수수료가 무료이니 참고하자.

6

몰래 키우던 반려동물!
집주인에게 들키면 쫓겨날까?

아직까지도 세입자가 반려동물을 키우는 것을
허용하지 않는 임대인도 많다. 집주인 몰래 반려동물을 키우다
걸린다면 어떻게 될지 알아보자.

• Q & A •

집주인에게 반려동물을 키운다고 말하지 않았어요.
만약 동물을 키우는 걸 들킨다면 쫓겨날 수 있을까요?

다른 것보다 임대차 계약서 특약 사항에 '반려동물을 키우지 않는다.'라는 내용이 있는지 없는지의 여부 확인이 중요하다. 일반적인 임대차 계약서에는 반려동물에 대한 언급이 별도로 없어 반려동물을 키운다고 하더라도 문제가 되지 않는다.

서울시에서 2018년에 진행한 '서울서베이 2018' 따르면 반려동물을 키우는 서울 시민의 비율이 20%를 넘어섰다. 그중 1인가구 중에서는 17.4%가 반려동물과 함께 살아간다는 통계를 내놓았다 반려동물과 살아가는 사람들이 많아질수록 살아가는 집 풍경도 달라지고 있다.

만약 임대인이 임대차 계약을 해제하겠다고 하더라도 해제가 되지 않는다. 집주인이 정말 집에서 반려동물을 키우기 싫다고 하면 사전에 계약서상에 명시를 해둬야 한다.

법적으로 문제가 되지는 않지만 동물을 좋아하지 않는 집주인이라면 추후 들켰을 때 조금 껄끄러워질 수도 있으니 서로의 신뢰관계를 위해서 사전에 미리 언급 정도는 해주는 게 좋지 않을까 생각한다.

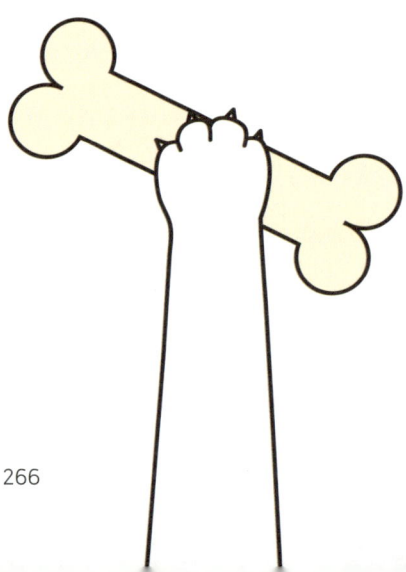

7

확정일자 적힌 임대차계약서 분실 시, 간편하게 되찾는 방법은?

개인 정보와 특약사항 등 전세, 월세 계약의 모든 사항이 적혀 있는 '임대차계약서'. 그러나 계약 당시에만 보는 터라 어디에 보관했는지 종종 잊어버리는 경우가 있다. 만약 전세대출 등으로 급히 임대차계약서가 필요한 경우 어떻게 해야 할까?

• Q & A •

월세 계약서를 잃어버렸어요, 어떻게 해야 하나요?

계약한 부동산에 찾아가면 된다. 임대인과 임차인이 일반적으로 부동산에 의뢰해 임대계약을 체결하기 때문에 부동산에서도 계약서 사본을 보관하고 있다. 부동산은 법적으로 5년 동안 계약서의 보관 의무를 가지고 있기 때문에 계약서 사본을 받기 더 편리하다. 만약 부동산에서도 임대차계약서를 구하지 못했다면 신분증을 가지고 관할 주민센터를 방문하거나 인터넷 정부24 사이트에 들어가 임대차 정보제공 요청서를 신청한다.

임대차 정보제공 요청서를 통해 주택 소재지·임대차 목적물(건물명, 동, 열, 층, 호수 포함)과 임대인·임차인 인적 사항, 확정일자 부여일, 차임·보증금, 임대차 기간 등을 확인할 수 있다. 단, 임대인·임차인의 인적 사항은 임대차 계약서상의 계약당사자(임대인·임차인)만 요청 가능하다.

임대차 정보제공 요청서는 어떻게 생겼는지 확인해보자.

■ 주택임대차계약증서상의 확정일자 부여 및 임대차 정보제공에 관한 규칙[별지 제3호서식] <개정 2020. 9. 29.>

임대차 정보제공 요청서

(앞쪽)

접수번호	접수일자	발급일	처리기간	즉시

요청인	성명(법인명)		주민등록번호(법인등록번호)	
	주소(본점 소재지)		휴대전화번호:	
			주소지 전화번호:	
	[ ] 이해관계인(해당사유:) 1. 해당 주택의 임대인·임차인 2. 해당 주택의 소유자 3. 해당 주택 또는 그 대지의 등기기록에 기록된 권리자 4. 「주택임대차보호법」 제3조의2제7항에 따라 우선변제권을 승계한 금융기관 5. 「주택임대차보호법」 제6조의3제1항제8호의 사유로 계약의 갱신이 거절된 임대차계약의 임차인이었던 자 [ ] 임대차계약을 체결하려는 자			

요청내용	주택소재지·임대차목적물(건물명, 동, 열, 층, 호수까지 구체적으로 기재합니다)	
	요청기간	____년 __월 __일 ~ ____년 __월 __일
	요청정보	

	[ ] 확정일자 부여현황(일반)
	[ ] 확정일자 부여현황(임차인 특정)
	   (임차인 성명: _____)
	[ ] 확정일자 부여현황(임대인·임차인용)
	   (임차인 성명: _____)
	[ ] 확정일자 부여현황(계약 갱신이 거절된 임대차계약의 임차인용)	

	구분 1. 열람 ( ) 2. 출력물 교부 ( )	

「주택임대차보호법」 제3조의6에 따라 위 주택의 임대차 정보제공을 요청합니다.

년 월 일

신청인 성명: 주민등록번호:

(서명 또는 인)

읍·면·동장 또는 시·군·구
출장소의 장 / 공증인 ○○○   귀하

210mm×297mm[백상지 80g/㎡]

8

전월세 상한제로
세입자 권리 지킬 수 있는 방법

집을 이사할 생각이 없는 상태에서 계약 만기일이 다가왔다.
집주인에 따라 다르긴 하지만 계약 만기 시
보증금이나 월세를 올려 받는 경우도 있는데,
2020년 7월부터 주거법에 '전월세 상한제'가 개정되면서
전세 및 월세의 인상률을 제한할 수 있게 됐다.

• Q & A •

전월세 상한제는 어떤 제도인가요?

임대차 계약을 체결하고, 만기 시 세입자가 계약 갱신을 요구해 재계약이 성사된 경우, 집주인 마음대로 월세를 원하는 만큼 올려 세입자의 주거권에 위협이 되지 않도록 최대 5%까지만 임대료를 올릴 수 있도록 만든 제도이다.

세입자에게 유리하게 보이는 전월세 상한제 필요할 때면 아무 때나 적용되는 건가요?

그렇지 않다. 세입자가 계약갱신요구권을 쓰지 않으면 전월세 상한제가 적용되지 않으며 계약갱신요구권을 먼저 신청해야 효력이 발생한다. 전월세 상한제는 지금 살고 있는 주택의 임대료를 조정할 수 있는 시기에 적용된다. 임대료를 조정할 수 있는 시기란 만약 2년 계약을 했을 경우 계약 후 1년 혹은 계약 만기가 다가오는 시기를 뜻한다.

집주인이 5% 올려달라면 무조건 올려줘야 하는 건가요?

집주인이 5%를 올려달라고 한다고 무조건 올려줘야 하는 것은 아니다. 세입자와 집주인이 잘 상의해서 결정해야 한다. 법에서는 물가 상승, 공과금, 세금 등으로 경제사정이 바뀌었을 때 집주인이 임대료를 올려달라고 요청할 수 있는데 서로 적정 수준으로 상의해 올리는 것이 좋다.
만약 재계약을 할 때 집주인이 5% 상의 금액으로 임대료를 올려달라고 한다면 계약 갱신 요구권을 사용해 5%가 넘지 않은 금액으로 합의하거나 세입자가 받아들일 수 있는 수준으로 합의 갱신을 할 수 있다.

9

집주인이 여러 명! 계약서 작성법은?

시대가 변화함에 따라 부부 공동명의와 같이 여러 명이 지분을
나눠 소유하는 공유 부동산의 수가 많아졌다.
공유 부동산을 가진 임대인과 계약을 할 경우에는 내가 계약을
하고자 하는 사람이 과반수 지분권자가 맞는지 꼭 확인해야 한다.
그렇다면 공유 부동산과 임대차계약 체결 전
필수로 확인해야 하는 서류는 어떤 것이 있을까?

부동산은 1명이 소유할 수도 있고 여러 명이 지분으로 소유할 수도 있다. 2인 이상이 지분으로 소유하는 부동산을 공유부동산이라고 한다. 대표적인 공유 부동산의 사례는 부부 공동명의 부동산이 있다.

민법에 의하면 공유 부동산은 과반수 지분권자가 부동산을 관리할 수 있는 권리를 가지고 있기 때문에 과반수 지분권자와 임대차계약을 체결해야 한다. 일반적으로 공유부동산은 각 지분권자가 동일한 지분을 가지고 있다는 것을 전제로 하지만 비율이 다를 수 있으므로 부동산 등기사항전부증명서를 통해 각

지분권자의 지분을 직접 확인해야 한다.

공유 부동산을 가지고 있는 사람 A와 B의 지분 비율이 각각 70%, 30%이라면 70%의 지분을 가지고 있는 A와 계약을 체결하면 되는 것이다.

만약 지분권자 3명이 각각 1/3씩 동일한 지분을 가지고 있다면 과반수가 넘는 2명과만 임대차계약을 체결해도 된다.

10

입주 직전 계약 시 없던 저당권 발견!
'계약 해제·보증금 반환' 가능할까?

부동산 계약에서는 추후 임대인이 보증금을
상환할 수 있는지에 대한 신뢰가 굉장히 중요하다.
계약을 체결할 때 특약사항 기재를 생활화하는 편이 바람직하다.
그럼 임대차계약 체결에서 꼭 넣어야 하는
특약사항에는 어떤 것이 있을까?

• Q & A •

계약을 체결할 땐 없었는데 뒤늦게
저당권 3억이 설정된 걸 알았어요.
이 상황에서 계약 파기 후 보증금을 돌려받을 수 있을까요?

3억 원의 저당권을 설정했지만 내 보증금을 회수하는데 큰 영향이 없다면 임대차계약을 해제하기 어려울 수 있다. 임차 보증금도 임대인이 나중에 반환해야 하는 채무지만 저당금 또한 임대인의 채무이기 때문에 임대인이 상환할 채무의 합계액을 기준으로 판단하기 때문이다.

집의 시세에 따라 다르고 나의 임차보증금이 얼마냐에 따라 달라진다. 통상 아파트나 빌라의 경우 70%를 안전하다고 말하고 다가구주택은 좀 더 권리관계가 복잡하기 때문에 상대적으로 훨씬 비율이 낮다. 보통 나의 임대차 보증금과 저당권(담보)의 합이 70% 이하면 보증금 회수에 큰 영향이 없다고 생각하고 임대차계약을 체결하기 때문에 임대차계약을 해제하기 어렵다.

임대인이 나중에 보증금을 상환할 수 있다는 신뢰가 중요하기 때문에 아래와 같은 내용을 특약사항으로 기재하는 것이 좋다.

특약사항

임차인이 임차주택을 인도받을 때까지 임차주택의 저당권 등의 권리 설정을 하지 않겠다. 이를 위반하면 임대차계약은 무효가 되고 임대인은 임차인에게 손해배상을 해야 한다.

이 같은 내용을 특약에 넣게 되면 임대인이 중간에 저당권을 설정하게 되더라도 원만히 계약 해제가 가능하고 손해가 있다면 손해배상 청구도 할 수 있게 된다.

• Q & A •

중개인은 따로 책임이 없는 건가요?

사실 이와 같은 특약사항을 적으며 중개인의 책임을 함께 적는 경우가 많다.

아래와 같은 내용을 특약사항에 넣게 되면 중개사도 책임을 지게 된다.

특약사항

임차인이 임차주택을 인도받을 때까지 만약 저당권이나 다른 담보를 설정하게 될 경우 집주인과 중개사가 연대하여 책임을 진다.

만약 중개사를 통해 계약을 체결한다면 이 문구를 그대로 다 외우지 않아도 담보권 설정 관련 특약사항을 넣어달라고 요청하면 중개인이 문구를 기재해 주기 때문에 그 내용이 맞는지만 확인하면 된다.

특약을 생활화해서 문제 상황을 미연에 예방할 수 있다는 점을 기억하자.

11

'보증금 보호법' 전세보증보험, 가입 시 주의사항은?

전세보증금을 제때 돌려받기 어렵진 않을까 걱정이 된다면 전세보증보험 제도를 이용할 수 있다. 전세보증보험은 약정한 기간이 종료된 후에 임대인이 반환 기간 내에 보증금을 반환하지 않으면 보증보험을 통해 보증금을 우선적으로 돌려받을 수 있는 제도이다. 임차인, 임대인 모두가 신청할 수 있지만 신청 기간에 제한이 있기 때문에 가입하고자 하는 기관에서 구체적으로 문의해야 한다.

그렇다면 전세보증보험 제도 가입 시 주의사항에는 어떤 게 있을까?

• Q & A •
전세보증금을 제때 못 받을까 봐 너무 걱정돼요.
보증금을 안전히 지키려면 어떻게 해야 할까요?

전세금을 제때 돌려받는 게 굉장히 중요한데 현실은 미뤄지는 경우가 많다. 특히 들어오는 세입자가 없는 경우에는 더욱 문제가 돼서 결국에는 임차인이 적극적으로 다음 세입자를 구하는 경우도 있다. 전세보증금을 제때 받기 어려울 수 있어 걱정이 된다면 전세보증보험 제도를 이용하면 된다.

전세보증보험은 임차인, 임대인 모두가 SGI(서울보증보험), HUG(주택도시보증공사), HF(한국주택금융공사) 등의 기관

을 통해 신청할 수 있다. 공통적으로 아파트, 다세대주택, 단독주택, 다가구주택, 주거용 오피스텔을 대상에 포함하고 있다. 다만 기관마다 조건이 조금씩 다르고 신청 기간에 제한이 있기 때문에 각 기관별로 가입하고자 하는 곳에서 구체적으로 문의를 하면 된다.

• Q & A •

전세보증보험은 무료인가요? 가입 시 추가 비용이 발생하나요?

전세보증보험 가입 시 수수료가 발생한다. 기관별로 수수료(보증료)에는 차이가 있는데 약 연 0.1% 정도의 수수료를 지불한다. 대신 본인이 약정한 기간이 종료된 후에 임대인이 기간 내에 보증금을 반환하지 못하겠다고 하면 보증보험을 통해 보증금을 받을 수 있다.

알아두면 좋은 TIP

전세보증보험은 임대인의 동의를 요하지 않기 때문에 본인 스스로 선택해서 보증금에 대해 충분한 보호를 받고 싶다고 하면 전세보증보험에 가입신청을 하면 된다.

12

집주인이 전세보증금 올려달래요.
전세보증금 증액 계약 시 주의!
확정일자를 새로 받아야 할까?

재계약에 관련해서는 알기 어려운 부분이 많다.
자칫하다간 우선변제권의 순위가 밀려 보증금을
지키지 못하게 될 위험이 있다. 전세보증금 증액 재계약 시
주의해야 할 사항에는 어떤 게 있을까?

• Q & A •

전세보증금을 증액해서 재계약하기로 했었는데,
이 경우 확정일자도 새로 받아야 하나요?

우선변제권을 행사하기 위한 요건이 확정일자를 받는 것이다. 최초 계약 시 받은 확정일자와 재계약 시 받은 확정일자 언제 받은 확정일자가 더 강력한 힘을 발휘할까? 당연히 먼저 확보한 확정일자가 중요하다.

기존 임대차계약도 효력이 계속 유지된 상태로 남아있어야 하고 새로 체결하게 되는 계약인 증액된 보증금에 대한 계약도 효력이 발생한 상태로 살아있게 돼야 한다. 새로 임대차계약을 체결할 때 계약서에 아래와 같은 내용을 특약사항으로 작성하고 기존 계약서를 별첨하면 된다.

> **특약사항**
>
> 이 임대차계약은 기존 임대차 계약의 보증금을 증액하기 위한 계약이고, 최초 임대차계약이 유지된다. 그리고 그 계약의 내용은 별첨한다.

예를 들어 최초 임대차계약서에 원래 보증금이 1억이었는데 보증금을 증액하면서 총 2천만 원을 올렸다면 1억 원은 최초 임대차계약 당시 받았던 확정일자를 기준으로 대항력, 우선변제권을 갖게 된다. 새로 증액한 금액인 2천만 원에 한해서만 새로 계약한 날짜로 대항력, 우선변제권을 갖게 된다.

내가 이미 가졌던 권리를 상실하게 되면 안 되기 때문에 새로 체결한 금액에 대한 권리만 추가로 받을 수 있도록 계약하는 게 중요하다.

이렇게 되면 대항력 전입신고 처음 한 날짜로 유지되고 확정일자를 추가로 받은 날짜(계약한 날)를 기준으로 우선변제권 금액을 분리해서 갖게 되는 것이다.

최초 계약 시 받은 확정일자를 유지한다고 해서 새로 증액한 금액까지 보호되는 건 아니지만 기존 보증금에 대해 가지고 있던 권리를 상실할 수 있으니 기존 효력은 유지하되 새로 추가된 부분에 대해서만 확정일자를 새로 받는 것이 도움이 된다.

13

확정일자와 근저당권이 같은 날 설정되면 어떤 것이 우선 변제받을까?

주택임대차보호법상 임차인이 확정일자를 받고
대항력을 갖추면 우선변제권을 행사할 수 있다.

우선변제권이란 임차주택에 대해서 다른 권리자들 보다 우선해서 변제권을 갖게 된다는 뜻이다.

임차인이 대항력을 갖추려면 먼저 확정일자를 받은 뒤 전입신고를 해야 한다. 이때 전입신고의 효력 발생일은 그 다음날 0시부터 이기에 등기부등본을 여러 번 확인해 봐야 한다.

이러한 부동산 문제를 예방하기 위해 필요한 사전조치는 어떤 게 있을까?

• Q & A •
확정일자와 근저당권 설정일이 같을 경우 배당 순위는?

확정일자와 근저당권 설정이 같을 경우 배당 순위는 근저당권자가 우선한다. 세입자를 보호해 줘야 하는 것 아니냐고 생각할 수도 있지만 법률적으로 살펴봐야 할 부분이 있다. 주택임대차보호법상 확정일자를 받고 대항력을 갖추면 임차인이 우선변제권을 행사할 수 있다는 점이다. 그러면 해당 임차주택에 대해서 다른 권리자들 보다 우선해 변제권을 갖게 된다는 뜻이다.

만약 확정일자를 받고 전입신고를 통한 대항력이 생긴 상태에서 이후 저당권이 설정되었다면 주택 경매가 진행된다고 했을 때 경매를 통해 배당을 받게 되면 임차인이 근저당권자보다 먼저 받게 된다.

근저당권은 설정하는 날 바로 효력이 발생하는 반면 확정일자는 대항력을 갖추려면 전입신고를 해야 하며 전입신고의 효력 발생일은 신고한 당일이 아닌 다음날 0시부터 발생하는 만큼 순위가 굉장히 중요하다.

자신을 보호하기 위한 중요한 권리인 만큼 계약서에 특약사항을 기재하고 계약 당일 전입신고를 꼭 하는 것이 좋다. 만약 확정일자를 받고 전입신고를 통한 대항력이 생긴 상태에서 이후 저당권이 설정되었다면 주택 경매가 진행된다고 했을 때 경매를 통해 배당을 받게 되면 임차인이 근저당권자보다 먼저 받게 된다.

특약사항

계약 후 잔금을 지급한 다음 날까지는 임차주택에 저당권과 같은 권리 설정을 하지 않겠다. 이를 위반하면 임대차계약은 무효가 되고 임대인인 임차인에게 손해배상을 해야 한다.

14

무주택 세대주, 세대주 분리 방법 '한 번에 뽀개기'

집을 구하다 보면 여러 혜택 대상자(청년 우대형 청약통장, 서울시 임차보증금 대출이자 지원)에 무주택 세대주라는 말이 쓰여있다. 이 무주택 세대주가 무엇인지, 나는 이 기준에 해당하는지 단어를 하나씩 나누어 의미를 알아보자!

✓ 세대란?

1개의 집을 기준으로 한 공간에 같이 거주하는 가족을 의미한다. 세대라는 것은 현재 주거와 생계를 함께 하고 있으며 주민등록등본에 기재된 부모, 배우자와 자녀 등으로 이루어진 집단이라고 볼 수 있다. 한 마디로 세대주와 세대원 모두 세대에 속한다.

✓ **세대주란?**

세대주는 같이 살고 있는 세대를 이루는 사람 중 대표를 말한다. 세대주를 제외한 나머지 구성원들은 세대원이다.

✓ **무주택자란?**

본인 소유의 주택 또는 분양권을 소유하고 있지 않은 사람을 의미한다. 세대주와 세대원 모두가 주택을 소유하지 않고 있어야 무주택자의 기준이 충족된다. 이때 전월세 상관없이 본인 소유의 주택이 없어야 한다. 특별공급의 경우 만 60세 이상 직계존속이 소유한 주택은 제외되어 청약신청자는 무주택으로 인정받을 수 있다.

> **국토교통부 주택 공급에 관한 규칙 제53조**
> (주택 소유 여부 판정 기준)
>
> 주택소유 여부를 판단할 때 분양권 등을 갖고 있거나 주택 또는 분양권 등의 공유 지분을 소유하고 있는 경우에는 주택을 소유하고 있는 것으로 보지만, 공공임대주택의 공급, 제46조 「공공주택 특별법 시행규칙」 별표 6 제 2호 라목에 따른 특별공급의 경우 무주택세대구성원에 해당하는지를 판단할 때에는 제6호를 적용하지 않는다.

✓ 무주택 기간이란?

자신의 이름으로 주택을 소유하지 않았던 기간을 의미하며 만 30세가 되는 시점부터 계산한다. 혼인, 주택 처분 등 별도 산정기준이 있다.

✓ 무주택 세대주란?

세대주를 포함한 세대원 전원이 주택을 소유하고 있지 않은 세대주를 말한다. 세대주와 동일한 세대별 주민등록표상에 등

재되어 있지 않은 세대주의 배우자 및 배우자와 동일한 세대를 이루고 있는 세대원을 포함한다. 무주택세대주는 관련 법규에 따라 주택을 우선하여 분양받거나 임대 받을 수 있는 자격이 주어진다.

무주택 세대주 되는 방법

1. 세대주 분리

① 세대 분리 필수 확인사항!

- ✓ 주소지 이전을 한 30세 이상인 사람
- ✓ 혼인을 통한 결혼을 한 사람
- ✓ 결혼 이후 이혼 및 배우자의 사망으로 1세대가 불가피한 사람
- ✓ 30세 미만이지만 최저 생계비 이상의 월 소득이 있어 독립된 생계를 유지하는 사람

② 세대주 분리 방법, 어떻게?

우선, 주민센터 방문하는 방법이 있다. 이때 방문 시에 신분증을 꼭 지참해야 한다.

신분증을 지참해 관할 주민센터를 방문하거나 정부 24라는 사이트(혹은 애플리케이션)를 통해 신청이 가능하다. 단, 온라인으로 신청할 때는 공인인증서가 필요하니 참고하자.

2. 세대주 변경

신분증을 지참해 주민센터를 방문하거나 정부24 사이트에서 신청/변경할 수 있다.

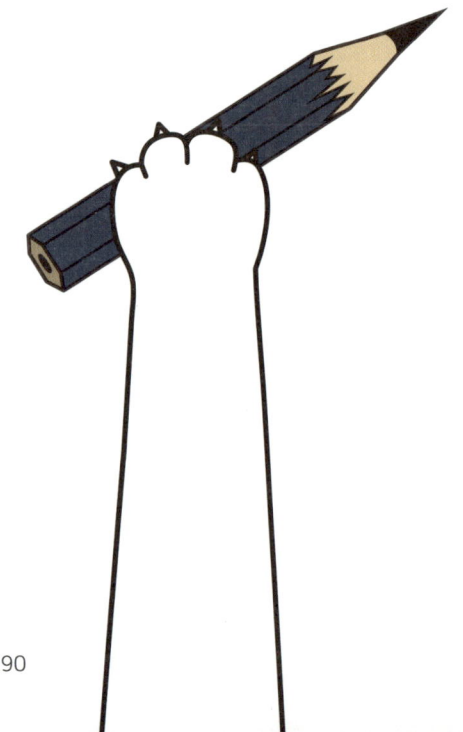

부록!
정부 지원 주택

1. 서울시 주거플랫폼 서울주거상담 (https://www.seoulhousing.kr)

취업난과 부동산가격 상승 등으로 인해 사회·경제적으로 새롭게 주거 취약 계층으로 대두된 청년들의 주거 안정을 위한 지원 정책이다. 집 계약부터 긴급주거지원까지 주거관련 정보들을 공유한다.

2. LH 청년전세임대주택 (https://www.lh.or.kr)

청년층(대학생·취업준비생·만19세~39세)의 주거비부담 완화를 위하여 기존 주택과 전세계약을 체결하여 저렴하게 재임대하는 공공임대주택이다.

① **입주자격** : 무주택 요건 및 소득·자산기준을 충족하는 대학생, 취업준비생, 만 19세~39세

- ✓ 본인이 무주택자이고 신청 해당 연도 대학에 재학 중이거나 입학 · 복학예정인 만 19세 미만 또는 만 39세 초과 대학생
- ✓ 본인이 무주택자이고 대학 또는 고등·고등기술학교를 졸업하거나 중퇴한 후 2년 이내이며 직장에 재직 중이지 않은 만 19세 미만 또는 만 39세 초과 취업준비생
- ✓ 본인이 무주택자이면서 만 19세 이상 39세 이하인 사람

② 임대조건

✓ **임대보증금** : 1순위 100만 원, 2·3순위 200만 원
  ✓ **월 임대료** : 전세지원금 중 임대보증금을 제외한 금액에 대한 연 1~2% 이자 해당액

③ 전세금 지원 한도액

구분		수도권	광역시	기타
단독거주	1인 거주	1.2억 원	9천백만 원	8천5백만 원
공동거주 (셰어형)	2인 거주	1.5억 원	1.2억 원	1.0억 원
	3인 거주	2.0억 원	1.5억 원	1.2억 원

※ 지원한도액을 초과하는 전세 주택은 초과하는 전세금액을 입주자가 부담할 경우 지원 가능하다. 단, 전세금 총액은 호당 지원한도액의 150% 이내로 제한(셰어형은 200% 이내)

④ **거주 기간**: 최초 임대 기간은 2년으로 하되, 자격요건 충족 시 2회 재계약(2년 단위) 가능

3. 희망하우징(https://housing.seoul.go.kr)

서울주택도시공사에서 건설한 공공 기숙사를 임대보증금 100만 원으로 저렴하게 공급하는 대학생 전용 임대주택이다.

①임대 기간 : 기본계약 2년(관계법령이 정한 입주자격을 충족하는 자에 한하여 2년 단위 계약 갱신)

②공급 규모 : 기숙사형 및 원룸형, 공공 기숙사형, 다가구형으로 전용면적 11~33㎡ 이하 (2인 1실 경우 1인 거주 실면적 기준)

③임대조건: 월 임대료 + 보증금 → 최소 58,100원 ~ 최대 133,300원 + 100만 원

④저렴한 보증금과 월세 : 임대보증금은, 평형 관계없이 모두 100만 원이고 월 임대료는 시중 임대료의 30%로 제한됨. 휴학 또는 어학연수 등 사정으로 중도 퇴거하더라도 위약금이 없음

⑤교통 편의성과 안전성 고려 : 교통이 편리하고 치안 걱정 없는 안전한 위치를 골라 공급함 또한 서울 전역에 퍼져 있어 입주 학생은 자기 학교와 가까운 곳을 선택할 수 있음

4. 사회적주택

사회주택은 공공의 토지를 활용하여, 주거공동체 활성화와 서민의 주거비 부담 경감 및 주거안정에 기여하고자 서울시와 민간이 공동 출자하여 짓는 새로운 형식의 임대주택이다.

Q. 내가 입주할 수 있는 공공임대주택에 관한 정보가 나와 있는 홈페이지

- ✓ SH서울주택도시공사 i-sh.co.kr
- ✓ 인천도시공사 ih.co.kr
- ✓ 대전도시공사 dcco.kr
- ✓ 경기주택도시공사 gh.or.kr
- ✓ 충북개발공사 cbdc.co.kr
- ✓ 경상북도개발공사 gbdc.co.kr
- ✓ 충남개발공사 cndc.kr
- ✓ 광주도시공사 gmcc.co.kr
- ✓ 전북개발공사 jbdc.co.kr
- ✓ 대구도시공사 duco.or.kr
- ✓ 울산도시공사 umca.co.kr
- ✓ 전남개발공사 jndc.co.kr
- ✓ 제주특별자치도개발공사 jpdc.co.kr
- ✓ 경남개발공사 gndc.co.kr
- ✓ BMC부산도시공사 bmc.busan.kr
- ✓ 전국 한국토지주택공사(LH) lh.or.kr

6장,
혼자 살기는
○○이다!

혼라이프를 살고 있는
자취생들의 생생한 인터뷰

1. "요리에 도전하세요" 자취 2년차 삐약이

2. "외로움 극복은 이렇게" 20대 후반 자취러

3. "혼자 보내는 시간을 알차게 보내세요" 혼자 놀기 만렙

4. "로망 와장창 자취는 현실" 사회초년생 팩폭러

5. "시행착오가 성공 만들어" 자취 N년차 고수

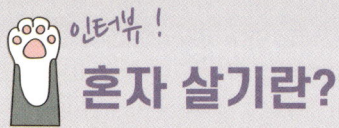
혼자 살기란?

저를 알아가는 과정이며, 저를 만들어가는 과정이라고 생각합니다. 친구들과 노는 것도 정말 좋아하지만 혼자만의 시간도 꼭 필요한 사람인데, 혼자 있으면서 저에게도 차분함이 있구나, 생각보다 요리하는 것에 흥미도 있다는 것을 알게 되었습니다.

혼족은 혼자를 계획하는 사람들이라고 생각해요. 혼자 계획을 세우고 그 계획을 실행하면서 행복지수를 채워나가는 과정이 너무 즐겁습니다. 계획을 세우고 실행한 걸 하나씩 지워가면서 행복을 느끼고 있어요.

혼자 세우는 계획은 아주 거창할 필요가 없습니다. 출근하기, 빨래하기, 퇴근하고 30분씩 스트레칭하기, SNS에 운동 기록하기 등 작은 계획이라도 일단 적어보세요. 참고로 '운동하기' 계획이 제일 지키기는 힘들지만 해냈을 때 보람은 그 어떤 것보다 큽니다.

진정한 사회인이 되었다고 생각해요! 물론 부모님의 용돈을 받으며 자취하는 분들도 많이 계시겠지만, 가족의 품을 떠나 혼자서 해내야 하는 일이 많고 그만큼 책임감도 강해지고요.

혼족이란 엄청 부지런한 사람이라고 생각합니다. 혼자 본인 의식주 다 챙기고, 인간다운 삶을 살기는 너무 힘든 일인데 혼족은 그 모든 걸 혼자서 알아서 하는 '진짜 어른' 같아요.

스스로 성장하는 과정을 알아가는 것, 혼자 지내면서 자연스럽게 배워가고 알아가는 부분들이 많아지는 것이라고 생각합니다.

혼족은 '씨앗에서 발화된 싹'이라고 생각합니다. 집이라는 울타리를 벗어나, 자신만의 스타일로 사는 삶을 만들어 나가게 되는 부분이 싹 틔우고 나무가 자라나는 과정과 비슷하다고 생각합니다. 저는 어떻게 자라날지 참 궁금하네요.

'나'의 선택을 존중할 수 있는 삶이라고 정의하고 싶어요.

혼족이란 외로움을 극복해야 하는 것이라고 생각합니다. 혼자 사는 것이니 어쩔 수 없이 외로울 수밖에 없습니다. 하지만 혼족들이 그 외로움을 이겨내기 위해 자신만의 방법을 찾아가는 게 정말 좋은 것 같습니다.

나 자신을 경제적, 사회적 독립 주체로 발전시켜주는, 삶을 한 단계 도약하게 해주는 과정. 제 자신을 좀 더 어른스럽게 만들어 준 것 같아 감사하게 생각하고 있습니다.

1

"요리에 도전하세요"
자취 2년 차 삐약이

집에서 직접 손질한 재료로 요리를 뚝딱뚝딱하는 나의 모습, 자취생의 로망 중 하나인데요. 하지만 처음 자취를 시작하면 생각보다 프라이팬 하나도 제대로 쓰기 힘든 것이 현실입니다. 여유로운 자취 라이프를 꿈꿨지만 현실은 실사판 타이쿤 게임 같아요. 설거지, 빨래, 청소, 요리 등 집은 늘 일거리로 넘쳐납니다. 이런 상황에 직접 요리까지 해야 한다면 벅차다고 느껴질 수도 있어요.

근데 그냥 일단 시작해보세요. 저 역시도 거의 24년 넘게 제대로 된 요리 한번 안 해본 사람이기에 요리하는 시간이 아까웠고 설거지하는 것이 귀찮은 사람이었어요.

하지만 요리가 생각보다 맛이 있고 괜찮다 보니 더 애정이 생기게 되더라고요. 퇴근하고 '저녁 뭐 먹지'라는 하는 생각을 많이 했는데 이젠 뭘 해 먹을지 기대의 의미가 됐어요.

요리 스타터의 노하우

1. 일단 시작해본다.

2. 해볼 만한 음식부터 도전한다.

3. 남은 배달음식으로 다양한 시도를 해본다.

4. 다진 마늘과 시판 소스를 적극 활용한다.

5. 레시피 참고는 꼭 한다.

6. 전자레인지와 에어프라이어, 전기포트는 자취 필수템이다.

7. 1인분 이상 장을 보지 말자.

일단 어려움을 느낀다면 자신이 먹고 싶은 음식부터 혹은 좀 해볼 만한 음식부터 시작해보는 것을 추천합니다.

그리고 자취하면서 남은 배달음식으로 요리 실력을 키워 보는 것도 도움이 됩니다.

배달음식 시킬 때 2인분 이상만 배달이 되다 보니 시켜도 음식이 많이 남게 되는데요. 저도 치킨은 한 마리를 시켰을 때 남다 보니 다음날 남은 치킨으로 치밥을 해 먹거나 다른 새로운 음식을 만들어 먹기 시작했어요.

요리를 어려워하는 자취생분들, 주저하지 말고 일단 해보세요. 한국인에겐 다진 마늘과 다양한 시판 소스가 있습니다. 이것만 있다면 요리를 하는데 전혀 두려움이 생기지 않을 거예요.

요즘은 많은 레시피들을 찾아보고 재료를 간추린 뒤 간을 봐가며 제 마음대로 비율을 조절해보곤 합니다. 일단 같은 재료가 들어가면 어느 정도 맛은 보장되니까요. 요리에 자주 실패하시는 분들께 팁이 될 수 있을 것 같습니다.

또 한 가지! 자취를 하는 입장에서 전자레인지와 에어프라이어 그리고 전기포트는 자취 필수템이 됐다고 생각합니다. 이것들로 인해 삶의 질이 수직 상승하다 못해 대기권을 뚫고 나갈 정도로 많은 도움을 줄 수 있습니다.

요리를 할 수 있는 식품과 레토르트 식품들이 정말 많아서 더욱 활용도가 높습니다. 버튼 몇 번만 눌러주면 집에서 간단하고 맛있는 음식들을 잔뜩 해 먹을 수 있기 때문입니다.

저도 아직 가장 어려운 점은 장 보는 것인데요. 이것저것 사다 보면 양이 너무 많아서 1인분씩 만들어도 재료가 너무 많이 남거든요. 한 번씩 재료를 버리는 일이 있어 안타깝습니다. 요리를 많이 안 해본 게 아닌데도 저에게 맞는 1인분을 찾기가 굉장히 힘들더라고요.

그리고 생각하지도 않았던 식재료가 눈에 들어와 과소비를 하는 것을 방지하기 위해 항상 메모지에 사야 할 물건을 적어갑니다.

요리에 재미를 붙이다 보니 집은 부엌이 넓은 곳으로 가고 싶다는 생각을 하고 있습니다. 지금은 주방에 너무 좁아서 물건도 많이 올려놓을 수도 없어서 불편함을 느끼고 있거든요. 지금보다 좀 더 넓은 집으로 가게 된다면 햇빛이 환하게 들어오는 홈 카페를 열어보고 싶은 로망이 있습니다.

2

"외로움 극복은 이렇게"
20대 후반 자취러

저는 취업을 하게 되어 본가인 부산을 떠나 서울에서 자취를 하게 됐습니다. 고향이 아닌 타지에서 제 스스로에게 새로운 경험을 주고 싶었고 더 넓은 곳에서 많은 경험을 하고 싶어서 고향을 떠나기로 했습니다.

현재 자취하고 있는 공간은 상가 주택입니다. 최근 부동산 앱으로 월세집을 알아보시는 분들이 많지만, 아무래도 직접 부동산에 방문하는 것이 정확하다고 생각해서 동네 부동산을 통해 자취방을 마련했습니다.

밤에는 집 앞의 건물들에 빛들이 다 켜지는데 불빛들이 많은 걸 보면 '아 내가 서울에 살고 있구나' 하고 깨닫곤 해요.
혼족은 한없이 외로울 수도 있지만 한없이 외롭지 않을 수도 있는 사람이라고 생각합니다.

생각해 보면 주변에 혼자 사는 것이 너무 외롭고 지루하다는 사람들이 꽤 있더라고요. 그런데 사실 저는 혼자 있는 것이 편하고 즐거울 때도 많아요.

혼자 살 때 외로움은 자기가 어떻게 하느냐에 달린 거 같아요. 혼자 사는 것이 외로울 수 있지만 그만큼 혼자만의 시간과 자유가 있으니까요.

먼저, 혼라이프에 익숙해져야 합니다. 특히 자취를 처음 시작하시는 분들은 가족들과 갑자기 떨어져서 살게 되기 때문에 외로움을 타는 경우가 많은데, 이것을 오히려 역이용하는 것도 좋은 방법입니다.

가족들과 함께 살았기 때문에 하지 못했던 것들, 혼자 있기 때문에 할 수 있는 것들을 하나하나 생각하다 보면 외로움이 즐거움과 행복함으로 바뀌게 되더라고요. 항상 긍정적으로 생각하는 마인드가 혼라이프에 많은 도움이 될 것입니다.

저는 혼자 있을 때는 식단을 짜서 요리를 하거나 가구 배치 바꾸기, 그림 그리기, 독서, 일기 쓰기 등을 합니다.

혼밥도 자주 하는데 외롭다고 느껴진 적은 없어요. 오히려 저는 혼밥을 즐기는 편입니다. 물론 친구들과 어울려 시간을 보내는 것도 좋지만 식사시간은 맛있는 걸 먹으며 재충전하는 시간이거든요. 오히려 같이 먹는 게 힘들 때도 있어요.

놀 수 있는 방법은 아니지만 미뤄뒀던 것들을 하기도 합니다. 사놓고 방 한편에 놔둔 폼롤러도 한 번 써보고, 화장실 청소도 해보기도 해요. 심심하거나 외로울 땐 바빠서 못 했던 주변 정리를 해보는 것도 좋은 방법인 것 같습니다. 뿌듯하기도 하고 하루가 정말 짧고 알차게 느껴져요.

외로움은 이겨내도 청소는 힘들더라고요. 집에서는 다 해줬는데 혼자 해보니 처음엔 버거웠던 것 같아요. 지금은 일주일에 두 번씩 청소하기로 계획한 후 빠르게 해결하고 있습니다.

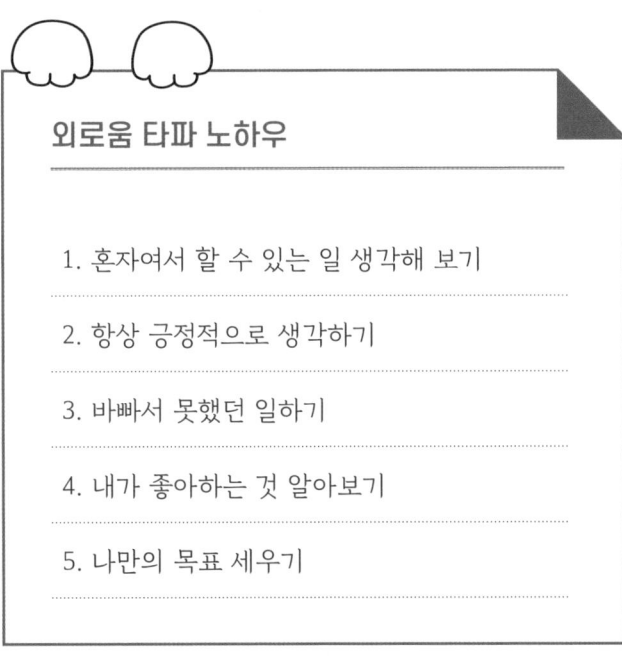

외로움 타파 노하우

1. 혼자여서 할 수 있는 일 생각해 보기
2. 항상 긍정적으로 생각하기
3. 바빠서 못했던 일하기
4. 내가 좋아하는 것 알아보기
5. 나만의 목표 세우기

자신이 뭘 좋아하는지 알아볼 수 있는 취미를 찾아보면 좋을 것 같아요. 차근차근 나를 알아가보세요. 혼자 살다 보면 누가 챙겨주지 않아 자신에게 소홀해지는 것 같거든요.

주변을 챙기는 것도 좋지만 나를 먼저 챙겨야 주변을 돌아보는 여유도 나온다고 생각합니다.

저는 동네 주변도 몇 번씩 돌아다니면서 단골집도 만들고 소소하게 하고 싶은 것을 다해보고 있어요. 너무 나태해지지 않게 가끔은 계획도 짜 보고 실천하면서 혼라이프를 즐기고 있습니다.

또 자취를 하면서 할 수 있는 목표를 세우는 게 중요할 것 같아요. 꼭 학습적인 목표가 아니더라도 본인이 혼자서 할 수 있는 것들, 해야 하는 것들을 정리해서 하다 보면 계획적인 삶을 살 수 있고 자취 생활의 외로움을 잘 극복할 수 있을 것 같습니다.

3

"혼자 보내는 시간 알차게 보내세요"
혼자 놀기 만렙

취미 부자라면 혼족에 더욱 잘 맞을 것 같아요. 저는 음식을 먹는 것도 하는 것도 좋아하다 보니, 혼자 주방에서 이것저것 만들어보고 먹고 마시고 초대하고 나눠주고 하는 지금이 참 즐거워요. 가족과 함께 사는 집이라면 조금 어려웠던 부분이 아닐까 합니다.

본가가 직장과 거리가 있어서 이전부터 자취를 하고 싶은 마음이 컸어요.

자취를 결심하면서 누구나 그렇듯이 나만의 공간을 갖고 싶다는 로망이 있었습니다. 그동안 제 방은 2평이라서 공부할 공간, 취미 생활을 할 공간이 너무 부족했죠.

정기적인 수입이 있는 지금이 적기라고 생각했고, 생각한 대로 움직이다 보니 독립 라이프를 즐기는 1인가구가 되어 있네요. 자취를 하게 되면 공간뿐만 아니라 시간도 온전히 본인만을 위해 쓸 수 있다는 장점이 있습니다. 이 시간은 대부분 취미생활, 자기개발 등을 하며 보내고 있어요. 무조건적으로 혼자만의 공간이 필요해서 독립을 하기보다는 진정으로 혼자 사는 라이프를 즐길 줄 알아야 한다고 생각합니다.

집에서 할 수 있는 나만의 취미를 발견하고 그것을 공유할 수 있다면 혼라이프를 잘 즐길 수 있을 거 같아요.

한때 블록에 빠져서 블록스타그램도 했었고 제가 부른 노래들을 올리는 노래스타그램도 해보기도 했어요. 이렇게 저는 공유를 할 때에 그 취미를 즐기게 되고 애정 하게 되어 오래 그 취미에 흥미를 가지게 됐습니다.

올해부터는 또 다른 취미도 가지게 됐습니다. 유튜브나 넷플릭스 등 영상 플랫폼이 익숙하지 않아서 즐기지도 않았고 오히려 사람 만나는 것, 돌아다니는 것을 정말 좋아했는데, 여러 가지 여건상 집에 머무르는 시간이 많이 늘어나게 되면서 부득이하게 집돌이가 되어버렸습니다. 영화 보면서 맥주 한잔하는 재미로 지내고 있어요.

TV도 없는 집에, 얼마 전 미니빔을 사서 나름의 홈시어터를 만들면서 100인치 가까이 되는 크기로 영상도 볼 수 있게 됐습니다. 조금 자랑을 하자면, 핸드폰, 노트북과 미니빔을 연결

시켜서 별도의 선 연결 없이도 볼 수 있도록 만들었어요.

집을 영화관처럼 큰 스크린을 벽에 걸고 싶었지만 금전적인 부분도 고려를 해야겠기에 이 정도로 절충했습니다. 푹신한 큰 소파를 두고, 다양한 간식과 음료를 즐기는 게 제가 꿈꾸던 자취 생활이었어요. 또 집에서 제가 제일 좋아하는 공간도 만들었습니다. 바로 테이블이 있는 곳인데요.

시간을 많이 보내는 공간이기도 하고 한 끼라도 차려 놓고 먹는 밥을 먹기 위해 노력하고 있습니다. 공부하기, 넷플릭스 보기, 베이킹도 테이블에서 합니다. 또 밤에는 책을 읽는 시간을 보내고 하루를 마무리하죠. 혼자 쓰기에는 큰 테이블일 수 있지만 집의 포인트가 된 것 같아서 아주 만족하고 있어요. 틀에 박힌 벽을 바라보는 책상이 아니라 카페처럼 공부할 수 있는 저만의 스터디 카페이기도 해요.

제가 직접 조립한 의자와 테이블이라서 의미도 있고, 자취하기 전부터 카페 같은 집에서 살고 싶었는데 소박하게 이뤘습니다.

이제 자취 1주년이 되네요. 혼자 열심히 살았던 스스로에게 1주년 파티를 선물할 계획입니다.

혼자 놀기 노하우

1. 나의 취미 공유하기
2. 제일 좋아하는 공간 만들기
3. 본인만의 시간 온전히 쓰기
4. 집에서 할 수 있는 일 찾아보기

4

"로망 와장창 자취는 현실" 사회초년생 팩폭러

자취 시작 전 다양한 모습을 꿈꿨어요. 아침 시간에는 오븐에서 갓 구운 스콘을 먹으며 커피를 마시며 보내고, 저녁에는 관찰 예능에 나오는 것처럼 삼겹살을 구워 배불리 먹는 모습을 상상했습니다.

또 여가 시간에는 뜨개질이나 홈트레이닝 등 자기개발을 하며 보내고 싶었어요.

하지만 현실은 꽤나 달랐습니다. 원룸 특성상 오븐은 사치였고, 연기 때문에 고기를 구워 먹는 건 쉽지 않더라고요. 그리고 상상과는 달리 남는 시간에는 자취방 치우기에 급급했습니다. 원룸은 조금만 어질러져도 지저분하다는 생각이 들어 시도 때도 없이 정리해야 해야 돼요.

밥도 직접 해 먹어야 하고, 인테리어도 생각보다 쉽진 않습니다. 영화에서 보는 것처럼 예쁜 식기류와 컵을 모으고 나만의 공간을 내 방식대로 꾸릴 수 있다는 점을 가장 기대했는데 제가 원하는 대로 꾸미려면 지출이 어마어마하더라고요.

자취는 모든 게 돈인 것 같아요. 수도세, 난방비, 음식비, 휴지, 모든 게 돈이에요. 위생 봉투 같은 건 집에 그냥 계속 있는 소모품인 줄 알았는데 이런 것도 다 돈이더라고요.

자취를 시작하는 사람들이라면 흔히 꿈꾸는 인테리어 로망이 있었어요. 개인적으로 미니멀라이프를 선호해서 화이트톤으로 심플하게 꾸미고 싶었는데, 현실적으로 힘들다는 것을 깨달았습니다.

원룸 특성상 5~6평 크기의 협소한 방의 풀옵션 형태라 개인의 취향에 따라 인테리어를 하기엔 어려움이 따랐고, 향초나 인형 같은 소품들은 막상 하려고 보니 너무 귀찮더라고요.

무엇보다 그런 것들이 다 돈이다 보니 사회초년생인 저에게는 사치처럼 느껴졌습니다.

돈이 없는 사회초년생인지라 결국엔 인테리어는 포기하고 가성비가 좋은 집으로 선택해서 살고 있습니다. 그래도 인테리어를 완전히 포기할 수는 없어서 소품으로 조금씩 포인트를 주고 있어요. 집은 예산과 알맞은 공간을 찾기 위해 많이 노력했던 기억이 나네요.

부동산 앱을 보고 가보면 사진과는 다르거나 갑자기 그 방은 없다고 하고 다른 방을 소개해 주는 공인중개사도 허다하게 봤어요.

전세 찾으시는 분들은 집을 선택하기 전에 안전한 집인지 건물의 융자는 얼마인지 꼭 알아봐야 하고 계약할 때 호수가 바뀌었는지 확인은 꼭 하세요. 대충 계약하다 큰 낭패 보는 분들도 많더라고요. 하나하나 꼭꼭 확인해가며 체크해야 합니다.

혼자 살면서 살림을 맡아야 하기 때문에 일도 하고, 집안일까지 해야 하는 부담이 있습니다.

본가에서 지낼 시기에는 아침에 일어나면 식탁에 여러 종류의 반찬으로 구성된 한 끼 식사가 차려져 있는 것이 당연했는데 직접 밥을 챙겨 먹어야 하고 치우는 것까지 신경 써야 하기 때문에 자취생활이 마냥 보는 것처럼 여유롭지만은 않은 것 같습니다. 오히려 자취생활을 시작하면서 청소, 빨래, 요리 등 집안일을 하느라 부지런해진 경향도 있습니다.

물건을 잘 사진 않지만, 버리지를 못해서 자취방이 항상 포화 상태가 되기 일쑤라서요.

30대가 되면 좀 더 나아지겠죠?

5

"시행착오가 성공 만들어" 자취 N년차 고수

처음 독립할 땐 왕복 통근하는 시간이 너무 길어서 30분 이내에 출근할 수 있는 집을 구하는 것이 가장 큰 목적이었어요. 길에 시간을 소비하는 일을 더 이상 하기 싫더라고요.

꼼꼼하게 따져보고 나에게 맞는 주거 형태, 금전적인 예산, 위치, 동네 분위기 등을 알아보고 사전 답사를 많이 다녀보는 것을 추천해요.

저는 집을 고를 때 좀 까다롭게 보는 편인데, 우선 부동산 앱을 통해 어느 동네 어떤 집이 어떤 시세인지 1차적으로 보고, 거길 통해 부동산 중개인을 만나서 원하는 조건을 주고 보러 다니고는 했습니다.

집을 구할 때는 가격과 위치만 중요한 것이 아니니 꼭 내가 원하는 것을 정확하게 말해야 해요.

주차가 필요한지, 몇 층 이상이면 좋은지, 역에서 얼마나 가까운지 등 조건은 디테일할수록 좋다고 생각합니다.

그리고 집을 보러 가서도 눈치가 보인다고 금방 보고 나오지 말고, 내가 직접 살고 있는 사람이라 생각하며 꼼꼼하게 보는 게 정말 중요합니다. 지금 사는 집은 낮에 집을 보고, 밤에 다시 보러 가서 낮밤을 다 보고 결정했어요.

독립을 준비하다 보면 마지막 순간에 포기해야 하는 부분들이 생기게 되는데, 내가 꿈꾸는 혼라이프에 포기할 수 없는 것들을 우선순위로 정해 놓으면 좋을 것 같아요.

예전에는 정신없이 그냥 잠만 자고 나가는 게 집이라 생각했는데, 요즘에는 인테리어에 관심도 생겨서 가구나 소품을 보더라도 집과 어울릴지를 생각하게 되는 것 같아요. '나만의 취향과 공간 철학을 내 집에 반영할 수 있다.'가 가장 큰 장점인 것 같습니다.

인테리어에서 가장 중요한 건, 관심이 있어야 하는 것 같아요.

이전까지 제 방이 있어도 꾸미기를 그렇게 잘하지 못했어요. 한 가지를 바꿔도, 예전부터 쓰던 가구나 벽지 등 제가 바꿀 수 없는 요소들이 더 크게 차지하다 보니 작은 소품 하나를 바꾼다고 해서 잘 눈에 띄지 않더라고요.

새로 이사 갈 집을 구하고 나서 여유 있게 두 달 정도의 시간이 있었는데, 실측을 할 수 없는 상황이었어요.

대신 도면을 미리 찾아보고 인테리어 앱으로 시안도 돌려보고 사이즈를 가늠하며 가구부터 작은 소품까지 철저히 계획했던 것 같아요. 여러 시행착오를 통해 자취방 인테리어에 대한 시각을 넓힐 수 있게 된 것 같습니다.

자취를 처음 시작하면 당연히 살 물건들이 많다 보니 택배 상자가 저희 집 문 앞을 다 막아버려서 낑낑거리면서 치우고 들어간 적이 한두 번 정도 있었어요.

당시 택배상자 뜯는 것만 1시간이 넘게 걸렸는데, 처음엔 설렘이 컸지만 나중엔 그냥 귀찮게 느껴졌습니다. 꽤 고생했던 경험이라 가장 기억에 남네요.

그래서 다음부터는 물건을 한 번에 시키지 않고, 조금씩 제가 감당할 수 있는 정도로만 사놓으려고 하고 있습니다.

온라인 집들이를 열심히 찾아보다가, 빈티지 가구에 눈을 뜨게 되면서 열심히 공부도 하고 모으는 재미를 알게 됐어요. 마음에 드는 의자를 찾기 전까지 테이블만 덩그러니 놓고 살기도 했어요.

테이블도 따로, 의자도 다 각각 다른 걸 찾아 하나의 큐레이션을 완성하고 싶었거든요. 몇 주를 찾아 헤맨 끝에 의자를 하나 구매하고, 또 그다음 의자를 사기까지 거의 2~3달 정도가 걸렸던 것 같아요. 지금은 의자가 세 개가 됐네요.

집 꾸미기도 여전히 현재 진행형이라, 요즘은 침실에 둘 빈티지 조명을 찾고 있어요. 지난 겨울에는 평소 해 보고 싶었던 크리스마스 리스를 DIY로 만들어 보기도 했어요.

저만의 라이프 스타일로, 저를 위해 채워 나가고 싶어요.

마지막으로 이상과 현실의 갭은 크다고 이야기하고 싶습니다. 장점은 모든 것을 본인이 결정할 수 있다는 점이고, 단점 역시 본인이 선택한 부분에 따르는 책임이라고 생각합니다. 자기관리에 자신이 있는 사람이라면 자취생활은 참 좋을 것 같고요. 그런 부분이 부족한 사람은 자신에게 부족한 부분을 바로 확인할 수 있는 좋은 기회라고 생각합니다.

자취 고수의 노하우

1. 집 구할 때는 조건 정확하게 정하기
2. 집은 낮밤 두 번 다 보고 꼼꼼하게 보기
3. 포기할 수 없는 것들 우선순위 정하기
4. 인테리어의 핵심은 관심이다.
5. 인테리어 할 때는 정확한 사이즈 측정과 철저한 계획이 필요하다.
6. 자취는 자신의 부족한 부분을 확인할 수 있는 기회다.

부록!
자취 선배들의 자취 실전 팁

인테리어

필요 없는 건 절대 챙길 필요가 없다는 점입니다. 필요 없는 물건을 가져오면 결국 짐만 되고, 물건을 정리하는 데에 힘만 쏟게 되더라고요. 자취방에 올 때는 꼭 필요한 물건만 챙기세요.

개인적으로 중요하다고 생각하는 부분인데요. 가능한 집을 열심히 꾸미라고 말씀드리고 싶어요. 앞서 언급했지만 집은 자신이 가장 편안해야 하는 공간이잖아요. 무엇을 시작하든 마치든 그 편안한 공간에서의 휴식이 정말로 중요하다고 생각해요.

유행을 따라가지 말고 꼭 필요한 가구, 내가 좋아하는 컬러를 생각하면 인테리어 할 때 도움이 많이 돼요. 유행을 따라가면 내 공간이 아니라 남의 공간이 될 거예요. 그리고 계속 변화를 줘야 하기 때문에 비용도 만만치 않죠. 변화를 주고 싶다면 방 배치를 바꿔보거나 자신이 좋아하는 포스터를 벽에 붙여보세요. 방 분위기가 달라져요.

요리

자취를 하게 된다면 꼭 직접 요리를 해 먹었으면 좋겠다는 말을 전해 드리고 싶어요. 조금씩 할 줄 아는 요리가 늘어나는 재미도 있고, 플레이팅까지 예쁘게 해서 먹으면 대접받는 느낌까지 들거든요. 무엇보다 배달시키는 것에 비해 식비도 훨씬 아낄 수 있어서 너무 좋아요.

레시피를 잘 보는 습관을 추천드리고 싶어요. 레시피는 맛있게 만들기 위해, 또 알맞게 만들기 위해 만들어졌기 때문에 요리에 서툰 분들은 임의대로 바꿔 요리하는 것이 오히려 더 힘들 수 있어요. 물론 재료가 없어서 바꿔야 한다면 비슷한 맛이 나는 것으로 바꿔도 괜찮겠지만 아예 다르게 바꾸는 것은 피하는 것이 좋습니다.

백종원 선생님의 감자짜글이가 가장 기억에 남습니다. 유튜브에 나오는 재료들을 냄비에 넣고 끓이기만 하면 되는데, 자취를 막 시작했을 무렵에 대충 따라 하다 너무 맛있어서 깜짝 놀랐던 기억이 나요. 특히 술안주로도 최고였어요. 구하기 쉬운 재료들을 사용하니 자취생분들은 꼭 한 번 도전해보셨으면 좋겠습니다.

요리가 너무 어렵게 느껴지고, '나는 똥손이야' 라고 생각하시는 분들이 계시다면 요리 전문가분들이 알려주는 레시피 그대로 따라 해 보시길 권해 드려요. 재료별 용량이라든지, 불 세기, 조리시간 등을 똑같이 따라 해 보는 거죠! 요즘엔 유튜브, 블로거, 요리책 등등 좋은 레시피들도 많고 자세히 알려주시기 때문에 그대로만 따라 해도 정말 맛있답니다.

만드는 시간이 짧은 볶음밥에 먼저 도전해보세요. 계란 볶음밥, 마늘 볶음밥, 마늘 새우 볶음밥, 야채 볶음밥, 김치 볶음밥 등등 다양한 종류의 볶음밥을 많이 해 먹었던 것 같아요. 볶음밥에 들어가는 재료가 딱 정해져 있지 않아서 냉장고에 쓰다 남은 야채들(ex. 당근, 양배추, 애호박 등등)을 처리하기에도 좋고 아니면 재료가 너무 없는 상황에서도 남아있는 것들을 활용할 수 있습니다.

모든 요리가 동일한 난이도의 요리가 아니고 정말 누구나 따라 할 수 있는 메뉴들도 많이 있습니다. 직접 만들게 되면 내가 좋아하는 재료로 좋아하는 맛을 원하는 양만큼만 만들어 낼 수 있다는 장점이 있습니다. 처음에는 한두 가지의 재료로 쉽게 만들 수 있는 요리부터 시작해서 점차 이전에 도전해보고 싶었던 요리나 해 먹어보고 싶은 요리들로 확장하면서 요리 실력을 키워 나가는 것도 좋은 방법이라고 생각합니다.

생활습관

'내가 적절히 소비할 수 있는가?' 생각해보세요. 장을 보거나, 필요한 잡화를 구매하기 전 합리적인 소비를 하고 있는지 먼저 생각해 보는 것이죠. 식재료는 다 먹을 수 있을지, 잡화는 가격만큼 유용하게 사용할 수 있을지에 대해 생각하고 소비하는 것이 필요합니다.

요즘은 TV나 인터넷을 보면 멋있게 혼삶을 살고 계시는 분들을 만나볼 수 있습니다. 그리고 그러한 삶을 살기를 원하시는 분들도 만나볼 수 있어요. 자취하는 동안은 누군가와 함께 살 때 보다 시간이 빠르게 지나가는 것 같아요. 그래서 누가 봐도 멋있는 삶도 좋지만, 만약 그런 분위기와 생활 방식이 본인과 맞지 않는다면 빠르게 벗어나서 본인만의 자취 스타일을 찾는 것을 추천드려요.

밥 먹고 설거지는 바로 하기와 화장실 청소는 샤워할 때마다 간단히 하기를 추천드려요. 빨래 널 공간을 마련하는 것도 중요해요. 방에 빨래가 널려있으면 너무 답답하고 습하고 찝찝하거든요.

자취를 하다 보니까 청소, 빨래, 설거지만 해야 되는 게 아니라 화장실 청소 등 제가 몰랐던 부분들이 많이 있었습니다. 힘들 때도 있지만 포털사이트도 찾아보고 이런 책도 참고하면 자취 고수가 될 수 있어요.

계획적인 삶을 살기 위한 능력을 배양해야 합니다. 일반적인 경우라면 한 달 생활비를 풍족하게 쓸 수 없는 경우가 많은데 그러면서 돈에 대한 관념과 절제력이 생기고 계획적인 생각을 하게 됩니다. 또한 혼라이프는 말 그대로 혼자 사는 인생이기 때문에 여러 상황을 홀로 감당하는 법을 배우게 됩니다.

혼자 살아본 적이 없는 사람이 혼자 살게 된다면 조금 낯설 수도 있을 것 같아요. 특히 혼자서 뭘 해야 할지 모르겠다, 너무 심심하다는 분들도 있는데 자신만의 시간을 만들고 활용하는 방법을 배우면 좋을 것 같아요. 오늘은 영화 한 편을 보고 밥을 먹고 청소를 하고 자야지 등 주말의 계획을 세워보는 것도 좋고요.

대출상품이 많이 나와 있고 최근 '청년 월세 지원 사업'이 나오기도 했으니 이런 정보들 놓치지 말고 꼭 챙기셨으면 좋겠습니다. 신청할 당시 서류가 복잡하고 귀찮긴 해도, 선정자가 된다면 굉장한 동력이 될 수 있을 것이라 생각합니다.

청소나 정리를 하면서도 나의 습관이나 라이프스타일을 돌아보고 생각해볼 수 있는 시간을 만들면 좋을 것 같아요.

혼자 자기만의 시간을 가지고 생활하다 보면 자기개발에도 도움이 되고, 좀 더 성장할 수 있는 계기라고 생각합니다. 하루에 30분이라도 자신만의 시간을 만들어 책을 읽는 것도 좋고, 넷플릭스를 보는 것도 좋고, 작은 계획을 세워 보낸다면 하루의 마무리가 뿌듯한 기분이 들어서 기분 좋게 잠에 들 수 있습니다.

자취를 하고 나니 청소부터 시작해서 집 관리, 생필품 구매 등 평소에는 너무 당연시 여겼던 것 전부 스스로 해야 한다는 점이 가장 크게 달라진 점 같습니다. 자유를 얻는 만큼 경제적으로도 내면적으로도 성숙해지는 좋은 경험을 하시길 바랍니다.

글꼴 출처 표기

서울남산장체	서울특별시 서울서체
경기천년제목	경기도 서체
경기천년바탕	경기도 서체
에스코어드림	S-Core
나눔스퀘어	네이버문화재단
G마켓 산스	G마켓
바른바탕	네이버, 대한인쇄문화협회

슬기로운 1인 가구 라이프
나 없이 자취하지마라

발행	2021년 11월 20일 초판
기획	권호, 오정희, 정단비
글 저자	오정희, 정단비
디자인	강은수, 지혜은
발행인	권호
발행처	뮤즈(MUSE)
출판등록	국립중앙도서관
연락처	muse@socialvalue.kr
홈페이지	http://www.뮤즈.net

ISBN 979-11-91677-13-3
값 15,000원